Anita Lehmann

In skandinavischen Betten

Ein anderes Reisetagebuch
Teil2

Auch dieses zweite Buch hätte nicht
ohne die Hilfe von Frank Ralf
erscheinen können.
Danke.

Bibliografische Information der Deutschen Nationalbibliothek:
Die Deutsche Nationalbibliothek verzeichnet diese Publikation in der
Deutschen Nationalbibliografie; detaillierte bibliografische
Daten sind im Internet über http://dnb.dnb.de abrufbar.

1. Auflage Februar 2018

Herstellung und Verlag:
BoD – Books on Demand, Norderstedt

ISBN: 978-3-7460-7938-7

1. TEIL

DURCH FINNLAND UND NORWEGEN ZUM NORDKAP UND DEN LOFOTEN

„Reiseleiter gesucht…"
Diese Zeitungsannonce, deren Inhalt eigentlich nur aus zwei Worten bestand, faszinierte mich und veränderte letztendlich mein ganzes Leben.

Ich kann mich heute nicht mehr an Details erinnern, aber ich kam, wie die etwa einhundert anderen Bewerber auch, zum Hörsaal der Hochschule.
Bis zu diesem Zeitpunkt wusste ich nicht, wohin die Reisen gehen sollten. Mich trieb nur der Wunsch, andere, fremde Länder zu sehen.
Beim Betreten des Hörsaales sah ich auf dem Podium eine Skandinavien-Karte. SKANDINAVIEN!

Noch niemals war ich in einem der auf der Karte zu sehenden Länder gewesen. Es war erst der dritte Frühling nach den politischen Veränderungen in Deutschland.
Auf dem Podium vor uns stand der für uns verantwortliche „Ausbilder" mit einem Zeigestock zwischen Landkarte und Tafel.
Wir hörten, dass unser Reiseziel in jedem Fall das Nordkap, der nördlichste Zipfel Norwegens, sein sollte.

Und wir hörten weiter, dass der Reiseveranstalter die Busse streckenweise auf unterschiedlichen Wegen nach Norden fahren ließe.

Die meisten Busse führen durch Finnland, aber es war auch möglich, einen Auftrag über Schweden und Norwegen zu erhalten.

Da stand er nun, der „Lehrer", und fuhr mit seinem Zeigestock über die Karte, schrieb Namen und Orte an die Tafel, eben die verschiedenen Reiserouten. Alle begannen in Kopenhagen, alle endeten in Kopenhagen. Die Saison begann Ende Mai und endete Ende August.

Wer schnell war, und ich war sehr schnell, der konnte sich viel notieren. Andere hörten nur zu. Es war alles wie im Traum. Noch saßen wir in der Hochschule, und in einem Monat vielleicht konnten wir eine Reise nach Nordnorwegen antreten.

Im Anschluss an die geografische Fortbildung, so erfuhren wir, würde eine Art Probefahrt stattfinden. Drei Busse starteten, jeder zukünftige Reiseleiter sollte sich beweisen, musste alles das für kurze Zeit tun, wofür er dann später ganz allein für „seinen" Bus verantwortlich war.
Als ich das hörte, vermutete ich, dass hier mein Weg zu Ende sei. Ich war berufstätig und würde für so eine Idee keinen Sonderurlaub bekommen. Schweren Herzens meldete ich mich ab. Warum ich dann, ohne jegliche Erfahrung, doch in den Kreis der zukünftigen Reiseleiter aufgenommen wurde, erfuhr ich nie.

Tagelang saß ich damals im Lesesaal der Bibliothek, versuchte meine Aufzeichnungen zu entziffern und durch neue zu ergänzen.

Ich hatte keine Ahnung, auf was ich mich einlassen würde. Bei der „Probefahrt" war ich nicht dabei gewesen, ich musste mich also ganz und gar auf mein Bauchgefühl verlassen.

Organisatorisch betrachtet beginnt eine Reise in den Heimatorten der Gäste, aber gefühlsmäßig doch erst mit dem Betreten der Fähren Richtung Kopenhagen, Göteborg, Oslo, Stockholm oder Turku und Helsinki.

In den ersten beiden Jahren fuhr ich planmäßig und ausschließlich von Warnemünde nach Gedser und von dort nach Kopenhagen.
Ich habe meine alten Reiseunterlagen noch, sie bestehen aus fünf A4-Seiten für zehn Tage. Für eine „Reisebetreuung" (so wurde das damals genannt) mit Erfahrung genügt das möglicherweise. Aber keine meiner Fragen, die in meinem Kopf herum schwirren, wurde auf diesen Blättern beantwortet.

Die Anfahrt nach Warnemünde war zeitlich so gewählt, dass der Bus kurz vor Mitternacht auf die Fähre fahren konnte. Die Überfahrt dauerte vier Stunden. Geschlafen wurde auf den Sitzbänken und Stühlen der Fähre, wenn man konnte. Die erste Nacht war folglich hart in doppelter Bedeutung. Übernächtigt waren also alle, als wir gegen vier Uhr am Morgen in Gedser von Bord rollten.

Jetzt, morgens um 4.00 Uhr, musste ich schnell einen starken Kaffee kochen. Wir hatten die Weisung erhalten, in KOPENHAGEN gegen 5.00 Uhr, also eine Stunde später, eine Stadtrundfahrt durchzuführen.

Aus diesem Grund hatte jeder von uns Reiseleitern einen Stadtplan erhalten und eine Beschreibung der Sehenswürdigkeiten. Die Stadtrundfahrt war Pflicht. Wenn sie aus irgendeinem Grund nicht realisiert werden konnte, dann musste die Besichtigung bei der Rückfahrt erfolgen. Ein Drücken vor dieser Aufgabe gab es nicht.

Bis zu diesem Zeitpunkt hatten weder der Fahrer noch ich die Stadt jemals betreten. Vielleicht war es gut, dass die Gäste an jenem ersten Morgen so müde waren.

Augenzwinkernd erzählten wir uns später die absurdesten Geschichten von falsch benannten Gebäuden, von absolut verkehrten Richtungen bei der Suche nach königlichen Parkanlagen, ja sogar von Stadtplänen, die nicht richtig gelesen wurden.

Als ich mich Jahre später auf die Prüfungen als zertifizierter Reiseleiter vorbereitete, erinnerte ich mich an dieses Anfangs-Desaster und wählte nach bestandener schriftlicher Prüfung aus allen europäischen Staaten Dänemark zur mündlichen Prüfung aus, d.h. ich hatte eine Stadtführung in Kopenhagen zu simulieren.

Ich musste mit der Prüfungskommission „gedanklich" durch die Stadt laufen: Begonnen habe ich damals mit dem „Tivoli", dem Vergnügungs-, Erholungs- und Kulturpark. „Werte Gäste", so ich. „Hier sind täglich 2.600 Menschen beschäftigt, um uns zu unterhalten und zu beköstigen…"

Weiter führte ich die Gäste im Prüfungsgespräch zum Rathaus, betonte, dass das Gebäude nach dem Vorbild des Rathauses der norditalienischen Stadt Sienna gebaut wurde, im Baustil der italienischen Renaissance. Ich

verwies auf den Rathausturm, den höchsten Turm Däne-
marks (106 m), und erzählte, dass sich die berühmte
„Weltuhr", die sich im Rathaus befindet und seit 1955
die Zeit angibt, als astronomisches Wunderwerk bezeichnet wird...

© 2017 Anita Lehmann

Mein Plan sah vor, mit der vor mir sitzenden Kommission bis zu einem künstlich erweiterten Kanal (Nyhavn)
zu „gehen", der im 17.Jahrhundert angelegt worden war.
Hier hatte auch der Märchendichter H.C.Andersen zeitweise gewohnt.

Glücklicherweise musste ich nicht die gesamte Strecke „laufen". Weil ich schon vorher die Kommission überzeugt hatte, wurde das Prüfungsgespräch abgebrochen. Prüfung bestanden!

Meinem neuen Veranstalter war ich dankbar, dass er mir die Möglichkeit der Qualifizierung einräumte.

Jeder Besuch in Kopenhagen erinnert mich daran, wie unsicher ich damals war und wie viele Fakten ich gelernt hatte, um zu überzeugen. Heute weiß ich, dass weniger Fakten und Vergleiche, aber bewusst ausgewählt, besser behalten werden.

Zurück zu meiner allerersten Fahrt.
In meinen Unterlagen stand, dass das erste Frühstück der Reise in einem Hotel nördlich von Kopenhagen stattfinden sollte.
Und jetzt zeigte es sich, dass die fehlende Übungsfahrt für mich deshalb gleich mehrere Überraschungen parat hatte:
Ich erfuhr erstmals, dass unser deutscher Bus von hier nach Sachsen zurückfahren würde.
Das Gepäck wurde während des Frühstücks in einen dänischen Bus geladen, der natürlich von einem dänischen Fahrer gesteuert wurde und mit dänischem Catering bestückt war. Ich staunte über die fertigen Toastscheiben, die in Folie verpackt waren, aber ich staunte noch mehr, als ein Eimer Sauerkraut verladen wurde. „Was soll ich denn damit?" fragte ich. Die Antwort war kurz und bündig: „Das wirst du schon merken, wenn ihr unterwegs seid." Und tatsächlich habe ich im Verlauf der Fahrt das Sauerkraut in Trinkbechern verkauft.

Der Fahrerwechsel war für mich die größte Überraschung. Torsten, ein kräftiger Mittdreißiger mit schwarzem breitrandigem Hut, war also mein neuer Teampartner. Er sprach nur englisch. Die Verständigung war nicht ganz einfach, ich hatte nicht einmal ein Wörterbuch dabei, weil ich über den Bus- und Fahrerwechsel nicht informiert war. Aber, der ganz große Vorteil bestand darin, dass er die Strecke kannte, ich konnte mich auf die Erläuterung und den Service konzentrieren.

Gleich darauf erfuhr ich noch etwas Wichtiges: Es gab damals die Möglichkeit, die Reise zu buchen, ohne dass man Halbpension bezahlte. Diese Gäste, immer in der Minderheit, hatten folglich eine große Bevorratung an Essen und Trinken, aber nach den ersten Tagen ging doch das eine oder andere aus. Dann wollten sie Brot, Butter, Milch… Aber in den unendlichen Weiten Finnlands gab es keine Chance, einen Laden zu finden, einzukaufen, wenn wir nicht von der Reiseroute abweichen wollten. Dann aber „gifteten" sie mich an, ich müsste doch dafür sorgen, dass sie alles Notwendig erwerben könnten.
Aber wie sollte ich, wenn kein Ort in der Nähe war!

Nach dem Fahrerwechsel und etwa zwanzig Minuten Fahrzeit erreichten wir Helsingör und damit auch das Fährboot von Helsingör nach Helsingborg, von Dänemark nach Schweden. Nach der vierstündigen Überfahrt von Deutschland nach Dänemark erschien das eine kurze Zeit zu sein. Nur zwanzig Minuten dauerte die Fahrt über den Öresund.

Es war für mich nicht nur der zweite Tag als Reisebetreuung, sondern auch der zweite Tag, an welchem ich
für den Service verantwortlich war. Für eigene Betrach-
tungen hatte ich keine Zeit. Ich war ständig im Bus unterwegs, hauptsächlich mit Kaffee.
Zu Hause überlegte ich, dass es wohl schwierig sein
würde, den Kaffee für mehr als 40 Gäste zu servieren.
Deshalb hatte ich mir eine „Servierhilfe" in Form einer
flachen Keksdose mitgebracht. Dort hinein stellte ich
nun die Becher. Die Gäste konnten so ihren Kaffee
schneller und sicherer erhalten, ich war stolz auf meine
„Erfindung".

Unser Tagesziel hieß STOCKHOLM.

Obwohl die gesamte Strecke neu war, entsinne ich mich
meiner Begeisterung, als wir am VÄTTERN entlang
fuhren. Er gilt als der schönste der südschwedischen
Seen. Die Aussicht von der höher führenden Straße auf
den lang gestreckten See war beeindruckend für jeman-
den, der so etwas noch nie gesehen hatte.

Den ersten kurzen Aufenthalt nach etwa 30 Kilometern
Fahrt entlang des Vättern gab es in GRÄNNA, einer
kleinen Stadt mit bunten Holzhäusern. Zur Begrüßung
der Gäste hingen Girlanden über der Hauptstraße, von
Haus zu Haus, vielleicht zwanzig hintereinander. Blitz-
sauber war der Ort. Überall wurden weiß-rote Zucker-
stangen angeboten, deren Herstellung beobachtet werden konnte. Diese „Polkagrisar" (so der Name) sind der
Renner im Tourismusgeschäft.

Bei späteren Fahrten zwacken wir immer ein bisschen Zeit vom Tagesbudget ab, um kurze Zeit in Gränna zu verweilen.

Noch einmal 30 Kilometer, dann verlassen wir den See und fahren in nordöstlicher Richtung. Zwischen Linköping und Norrköping queren wir den Göta-Kanal, der quer durch Schweden führt. Seen, Flüsse und Kanäle werden auf 385 Kilometern miteinander verbunden. Bei der ersten Überquerung habe ich ihn kaum wahrgenommen, schließlich stand er nicht auf meiner „Besuchsliste". Später interessierte ich mich immer mehr für ihn, denn die Gesellschaft, die ihn schiffbar machte, soll das erste touristische Unternehmen in Schweden gewesen sein.

Vor mehr als zwanzig Jahren, als ich begann, Reisende zu begleiten, waren die Gäste im Bus durchschnittlich mindestens zehn Jahre jünger, und es galt als etwas Besonderes, wenn man nach Skandinavien mit dem Bus fuhr. Viele Mitreisende sahen die Busreise als Informationsreise, die sie später im PKW oder Wohnwagen, entsprechend ihrer eigenen Vorlieben, absolvieren würden. Die Gäste waren auf alle Fälle ebenso neugierig wie ich und auch experimentierfreudig. Ab und an, wenn es die Zeit erlaubte, probieren wir Neues. Auf diese Weise konnte ich irgendwann eine große Schleusenanlage mit mehreren Staustufen entdecken, genau an der Stelle, wo der Göta-Kanal in den Roxensee mündet.

Am späten Nachmittag sind wir pünktlich in Stockholm. Uns verbleiben zwei Stunden, bis wir zum Stellplatz der Silja-Line fahren werden.

STOCKHOLM ist eine beeindruckende Stadt, vor allem wenn man vom höchsten Punkt der Stadt, der Stadtführer spricht ironisch von „Stockholmer Alpen" (54 m), das Panorama genießen kann.

Die Stadt ist zwischen Mälarsee und Ostsee gelegen, und etwa ein Drittel der Stadtfläche besteht aus Wasser. Obwohl wir eine moderne Geschäftsstadt kennen lernen, begeistern mich die Lage am Wasser und die vielen Inseln vor und in der Stadt am meisten. Die Bezeichnung „die Schöne am Wasser" ist zutreffend.

Neben dem Schloss war ich besonders am Besuch des Stadthauses interessiert, aber erst bei späteren Reisen war das möglich.

© 2017 Anita Lehmann

Im 1923 erbauten Stadthaus muss Eintritt gezahlt werden, aber unsere Gäste sind es nicht gewohnt, extra Gelder zu entrichten. Ich hatte meine ganze Überredungs-kunst aufbringen müssen, damit wenigstens ein Teil der Reisegruppe mitkam.

Der rote Ziegelbau mit den grünen Kupferdächern und den drei goldenen schwedischen Kronen ist weithin sichtbar. Das Innere war einfach überwältigend: die aus dunklem Rosenholz gefertigte Decke des Ratssaales in der Form eines alten, umgekippten Wikingerschiffes, die Orgel, wo ich Pfeifen erstmals waagerecht angeordnet sah, der „Goldene Saal" mit über 18 Millionen Mosaiken und die mächtige „Blaue Halle", in der jährlich Anfang Dezember die Nobelpreisverleihung stattfindet.
Leider sind wir Touristen aus hier nicht zu erörternden Gründen immer in Eile…

Eigenartig, dass der kundige und charmanteste Stadtfüh-rer, mit dem ich in Schweden arbeiten durfte, ein Öster-reicher, ein Wiener, war.
Ich kenne ihn schon lange und weiß, dass ich ihm mit einer Tasse Kaffee jederzeit eine Freude bereiten kann. Vor Jahren, als wir miteinander bekannt gemacht wur-den, fragte ich ihn, ob er einen Becher Kaffee trinken möchte. Damals war ich nicht schnell genug mit dem Einschenken. Er kam an den hinteren Ausstieg des Bus-ses, zur Küche, um das Getränk entgegen zu nehmen. Die Küche war geöffnet, d.h. ein Teil war herunterge-klappt, um den Kaffee einzugießen. Er, nicht an die Be-sonderheiten unseres Busservice gewohnt, wollte schwungvoll einsteigen. Die Tischklappe war genau auf Kopfhöhe, und schon war es passiert. Es war so schlimm, dass sogar mit Pflaster hantiert werden musste.

Seitdem kennen wir uns, und seitdem trage ich den Kaffee jedes Mal vorsichtig zu ihm hin.

Freizeit für „private Entdeckungen" gab es bei diesen Fahrten wenig und auch bei der hier geschilderten Reise mussten wir noch am Abend den Fährhafen pünktlich erreichen.

Erstmals reisen wir mit einer der großen Fähren der Silja-Line. Etwa zwölf Stunden werden wir an Bord bleiben, d.h. Essen und Übernachtung erfolgen bereits auf finnischem Boden.

Kaum zu glauben, dass am Morgen im Hafen von TURKU erst der dritte Reisetag beginnt. Wir hatten schon so viel gesehen!

TURKU ist die älteste Stadt, bis 1812 sogar die Hauptstadt Finnlands. Unser weiß-blaues Schiff, das sind die

Farben der Silja-Line, war am Morgen lange durch den Schärengarten gefahren. Eine solche Landschaft zu sehen, war neu für uns alle. Viele kleine und kleinste Inseln waren hier im Bottnischen Meerbusen der Stadt vorgelagert. Majestätisch zog das große Schiff dazwischen seine Bahn.

Aufgabe für Fahrer und Reiseleiter war es, in Turku eine informative Stadtrundfahrt durchzuführen, aber ohne Fremdenführer. Wenn das in den Anweisungen für uns stand, dann wurde das eben auch gemacht, er fuhr und ich erzählte, was ich gelesen und gelernt hatte. Jeder Gast wusste, dass ich es nicht gesehen haben konnte und honorierte Mut machend meine Kommentare. Es gab ja Stadtpläne, im Voraus hatte ich an eine Reihe von Tourist Informationen geschrieben.

In Erinnerung geblieben ist mir der Dom, äußerlich ein roter langgestreckter Backsteinbau mit einem fast einhundert Meter hohen Turm. Dadurch ist er auch zum Wahrzeichen der Stadt geworden.

Die Stadt überzeugt mit seinen unterschiedlichen, ich meine sogar extrem unterschiedlichen, Baustilen. Erhalten wurde beispielsweise der rote Backstein alter Fabrikgebäude, die Domkirche wurde aus grauem finnischen Granit im Stil der Nationalromantik gebaut, aber die Ende des 19.Jahrhunderts entstandene Alexanderkirche überraschte mit sehr modernem Design.

Turku ist eine Universitäts-, Kongress- und Messestadt. Das alles konnten wir zeigen. Gesehen habe ich auch das bunteste Markttreiben.

Neu für mich war, dass Turku den Beinamen „Weihnachtsstadt" trägt. Die bekannteste Weihnachtstradition ist die Verkündung des Weihnachtsfriedens, die am Heiligabend stattfindet.

Auch für Restaurants und Cafés soll Turku eine gute Adresse sein. In einer Werbung der Touristenagentur heißt es:

„Nehmen Sie einen Hauch Geschichte,
eine Kanne voll Kultur und
viele, viele Veranstaltungen.
Geben sie dazu
Eine Messerspitze Meeresfrische
und fröhliches Flanieren
am Flussufer.
Würzen Sie das Ganze mit
Restaurantschiffen,
charismatischen Kneipen,
Spitzenköchen
und luxuriösen Thermalbädern.
Mischen Sie ganz nach Geschmack
und genießen Sie Turku in vollen Zügen.“

Nach meiner ersten Besichtigungsfahrt ergänzte ich in Gedanken:
„Man nehme dunkle Kiefernwälder ohne Ende,
Wasser blau, als Fluss, Seenplatte oder Meer,
und dazu die Sommersonne,
das Resultat ist finnische Ferienwonne.“

In Ordnung, es ist nicht so gut formuliert. Aber ich verstehe bis heute nicht, wie sich Menschen nach überfüllten, lauten Urlaubsstränden sehnen. Hier ist das wirkliche Paradies!

Selten gibt es reine Finnland-Programme. Ein einziges Mal habe ich eine Reisegruppe in das „Land der 1.000 Seen" begleiten können, unsere Route führte uns östlich bis an die russische Grenze, sonst war immer der Hohe Norden das Ziel.

Diese, meine erste Reiseroute war sehr variabel. Sie konnte je nach Planung des Veranstalters nach der Landung in Turku auch über Helsinki, Lahti und Mikkeli erfolgen.

Ein Jahr später erlebte ich eine solche Veränderung der Route, ich fuhr mit dem Fährschiff nach Helsinki.
Vor HELSINKI gibt es über 300 Inseln. Eine davon ist Suomenlinna, eine 250 Jahre alte Seefestung. Wie in der Stadt selbst spiegelt sich hier die Geschichte Finnlands wider, die schwedische, russische und finnische Zeit.
Mit einem „Helsinki Sightseeing-Schiff" gönnten wir uns eine zusätzliche Entdeckung der Insel, aber vor allem auch vom Wasser aus den Blick auf die Stadt. Die Monumentalbauten des Stadtzentrums, den Sibeliuspark und vor allem die Felsenkirche (Temppeliaukionkirkko) behielt ich in Erinnerung.

Zurück zu meiner ersten Fahrt.

Am späten Nachmittag sollten wir in JYVÄSKYLÄ, dem Ort der nächsten Übernachtung sein. Etwa 350 Kilometer lagen vor uns. Während eines solchen „Schnelldurchlaufes" sind alle Businsassen erstaunt über die touristische Vielfalt. Der Reiseveranstalter hatte fast täglich kleinere Attraktionen vorgesehen, so dass es trotz der vielen Kilometer, die gefahren werden mussten, immer wieder Abwechslung gab.

Gerade waren wir noch in Turku, und zirka 170 Kilometer entfernt besuchten wir eine Stadt, in der Altes und Neues auf eindrucksvolle Weise verbunden worden war. Auf den Reisekarten des ADAC gab es diese Stadt nur als Kreuzungspunkt von Straßen, sie gehört aber nicht zu den Orten, die eine nähere Beschreibung erfuhren. Aber sie ist die „größte Binnenstadt des gesamten Nordens".

TAMPERE liegt mitten in einem Seengebiet und an der Stromschnelle Tammerkoski. In den Nachschlagewerken wird die Stadt als finnisches Manchester bezeichnet. Deshalb glaubte ich auch, eine alte Industriestadt vorzufinden, aber jedes dieser Fabrikgebäude wurde einem neuen Zweck zugeführt. Aus der alten Baumwollfabrik wurden Restaurants, ein Kinocenter, Museen. Als Außergewöhnlichstes empfand ich die Umwandlung der Wasserkläranlage zur Kunstgalerie.

In unserem knappen Zeitplan musste noch der Besuch des „Ferienzieles Nr.1" (so wurde es auf Plakaten in Tampere angekündigt) hineingepresst werden, ein Kurzaufenthalt im Erlebnispark Särkänniemi. Geplant war das Delphinarium. Wahrscheinlich in der dritten oder vierten Reihe sitzend, habe ich den Künsten von Mensch und Tier zugeschaut. Wieder ein neuer Eindruck! Nachhaltige Gedanken haben wir uns nicht gemacht, wir staunten nur.

Nicht während der ersten Reise mit meinem „Hut-Fahrer", aber später, fuhr ich ins Saunadorf MUURAME (1983 eröffnet). 30 Saunen, zusammengetragen aus dem ganzen Land, wurden in ihren Urzustand versetzt und zum einzigen Spezialmuseum für Saunen zusammengefasst.

In der Werbung für das besondere „Dorf" konnte ich lesen: „In Finnland geht ein jeder in die Sauna, vom Baby bis zum Großvater. Deshalb gehört zu jedem größeren Fest ein Saunabesuch dazu."

Nirgendwo aber steht geschrieben, dass im Außengelände viele Schaukeln stehen müssen, besondere, „finnische". Die Schaukeln hatten es mir besonders angetan. Ich schrieb schon, dass die Gäste für jeden Spaß zu haben waren. In kurzer Zeit war „Gruppen-Schaukeln" angesagt, d.h. in diesem Fall, dass fast jeder eine Schaukel fand, die er ausprobierte.

JYVÄSKYLÄ erreichen wir wie geplant zur Übernachtung.

Wieder ist es eine Stadt zwischen zwei Seen, flächenmäßig sehr groß, aber ein gefühltes Viertel der Stadt ist Wasser. In dieser schnell wachsenden Stadt kann ich zunächst nur „normale", moderne Häuser sehen. Ich hatte jedoch meinen Gästen erzählt, dass hier der weltweit bekannte Architekt Alvar Aalto beheimatet war und mehr als 30 Gebäude errichten ließ. Diese aus Natursteinen, Holz und Glas errichteten Häuser musste ich selbst erst einmal in der Stadt entdecken.

Das Tagesprogramm sah nach dem Abendessen noch eine Kreuzfahrt auf dem Päijenne-See vor.
Glücklicherweise ist es lange hell, die Tage werden bis in die Nacht ausgedehnt.

Das Schiff war kleiner, zwei Busgruppen fanden Platz. Teilweise war es sehr still, die Verbundenheit mit der Natur ließ uns sehen und schweigen.

Nach Ende des Ausflug es wollte ich nur noch in "mein Bett". Endlich ein richtiges Hotelbett! Ich genieße es, Schlaf habe ich ohnehin nachzuholen.
Aber am frühen Morgen, vor dem Frühstück, laufe ich wenigstens ein Stück durch die Stadt.

Der kommende vierte Reisetag wird zunächst quer durch das Land nach KUOPIO führen.

Unser dänischer Fahrer hatte angekündigt, dass an diesem Tag die Bordküche geschlossen bliebe. In Kuopio oder später in Oulu gebe es einen florierenden Markt, dort sollten wir alle die Spezialität der Stadt probieren. Sie heißt Kalakukko. Ich probierte. Äußerlich sieht die Speise wie ein rundes Bauernbrot aus, als Portion erhält man die Hälfte dieses runden Teils. Herzhaft biss ich hinein, aber nur ein einziges Mal. Im Inneren des hart gebackenen Roggenteigs (sechs Stunden Backzeit) sind kleine Maränen und fettes Schweinefleisch, außerdem war die Speise für meinen Geschmack zu salzig.
Erworben hatte ich mein Essen auf dem Marktplatz. Später sah ich, dass dieses Nationalgericht in Feinkostläden als Geschenkartikel angeboten wurde, richtig vornehm in durchsichtiger Folie eingepackt und mit Schleifchen.
Bei uns am Bus gab es an diesem Tag nur Kaffee, aber den gibt es ja immer. Statistiken sprechen davon, dass die Finnen im Kaffeeverbrauch an erster Stelle stehen, und wir Deutschen erst den sechsten Platz belegen.

An diesem Tag lernte ich auch, dass die Finnen ihren Speisen die Namen von Politikern geben. Eine beliebte Fischsuppe nennt sich Urho-Kekkonen-Suppe (Staatspräsident bis 1986), und wenn man eine Mannerheim-Suppe (Staatspräsident 1944-1946) verlangt, dann ist das ein Eintopf aus Hammel- und Rindfleisch, Salzheringen und Kartoffeln.

Etwa zweieinhalb Kilometer außerhalb der Stadt Kuopio steht auf einer Anhöhe (230 m) ein Aussichtsturm. Das Restaurant im 75 Meter hohen Turm dreht sich, und der Besucher rotiert langsam mit. Von hier hat man einen weiten Blick über den Kallavesi-See mit seinen zahlreichen Inseln.
Besonders am Abend, wenn die Sonne kurz über dem Horizont steht, muss der Blick beeindruckend sein, denn fast alle Ansichtskarten am Kiosk zeigen dieses Bild.

Heute hatten wir bis ROVANIEMI eine besonders lange Strecke zurückzulegen, rund 280 Kilometer bis Oulu an den Bottnischen Meerbusen und dann noch einmal 300 Kilometer bis zum Polarkreis.

Durch Zufall entdeckte ich an einer Kreuzung im finnischen Nirgendwo ein Glockenmuseum, VASKIKELLO. Nein, noch kein Museum, aber eine Ansammlung von Glocken, die man als Tourist auch zum Klingen bringen durfte. Eine davon, ich glaube, dass es die größte war, stammte aus Deutschland, aus Apolda.

Nach Jahren (1998), hielt ich wieder an meinem Geheimtipp und geriet ins Kreuzfeuer der Auseinandersetzung mit den Betreibern von Restaurant und Museum, beides war mittlerweile an dieser Stelle entstanden. Auch die finnischen Tageszeitungen äußerten sich dazu, man reichte uns Übersetzungen der augenblicklich geführten Diskussion. Da dieses Vorkommnis ein für deutsche Touristen allgemeines Problem ist, möchte ich es darstellen:

Nach stundenlanger Fahrt halten die Busfahrer hier am Museum. Zirka 40 Gäste steigen aus, alle wollen zur Toilette, aber nicht im Restaurant essen und trinken, denn das Essen gibt es preiswerter im Bus. Danach möchten die Touristen die Vielfalt der Glocken bewundern, die im Wald frei zugänglich sind. Die Betreiber haben also vom Besuch keinerlei Vorteil, im Gegenteil.

Schuld sind ihrer Meinung nach die Reiseleiter, die ihren Gästen einen kostenlosen „Museumsguck" (so sagten die Betreiber) anbieten würden. Man nennt uns „Nurmagucken", weil auf die Frage, was wir essen oder trinken möchten, die Antwort lauten würde: "Nein, nur gucken." Die Betreiber wehrten sich dagegen mit Schildern, auf denen sie zehn Euro Eintrittsgebühr forderten und in der Presse schrieben: „...nur gucken bedeutet nur angucken, Wasser lassen, sich drängen, auf Video aufnehmen, Ansichtskarten befummeln,..., bewundern, Prospekte einschnappen. Nur gucken ist unverschämtes Stören der richtigen Kunden."

All dies wusste ich nicht, als ich anhalten ließ. Auch meine Gäste mussten zur Toilette. Ich (!), die Reiseleiterin, kassierte für die Benutzung und wurde bei Abgabe des Geldes „beschimpft". Ich konnte aber meine Entscheidung, hier zu halten, nicht rückgängig machen, die Reisenden waren schon beim „Gucken".

Die Ausstellung ist wirklich einmalig, zumal in dieser Umgebung. In der Nähe einer buddhistischen Tempelglocke, einer ausrangierten Schiffsglocke aus Helsinki und tibetanischen Klangschalen hingen in einem offenen Schauer 14 verschieden große Glocken. Viele waren aus Deutschland, auch das Glockenspiel aus Meißner Porzellan.

Schade, dass durch schlechte Information und Organisation etwas so Schönes zu den genannten Vorwürfen führte und damit auch zum Entschluss, beim nächsten Mal möglicherweise einfach vorbeizufahren.

Die Städte Oulu und Kemi liegen am Ostufer des Bottnischen Meerbusens. Wir entschieden uns, diesmal nicht zu halten.

Zeit für den im Hafen verankerten Kreuzfahrt-Eisbrecher „Sampo" gab es nicht. Bei den folgenden Fahrten haben wir Verantwortlichen die Zeit mehrfach abgezwackt. Bei minus 40 Grad brach er im Winter meterdickes Eis und 150 Passagiere konnten vom Schiff aus zusehen. Wenn wir sein Inneres bestaunen durften, dann lag das 1961 erbaute Luxusschiff vor Anker. Anstelle meterdicken Eises gab es Sahneeis mit Erdbeeren.

Wie ich während späterer Reisen merkte, bündelten sich hier, nördlich von KEMI, fast alle Nordkap-Fahrten. Nur noch anderthalb Stunden trennten uns vom Polarkreis, den wir aber an diesem Abend noch nicht überschritten.

In ROVANIEMI waren wir aber kilometermäßig dem Polarkreis ganz nah. Hier erfolgte die zweite Übernachtung in Finnland.

Die Hotels sind alle neu, die Zimmer geräumig, und dazu hatte ich zusätzlich einen fantastischen Blick auf eine neue Schrägseilbrücke. Trotz großer Müdigkeit stand ich noch lange am Fenster und betrachtete die mir ungewohnte Natur. Es war Nacht, aber taghell.

Bevor wir uns jedoch mit der Heimat des Weihnachtsmannes beschäftigen konnten, wurde ein ganz besonderer Ausflug angeboten:
Rafting, d.h. Wildwasser fahren mit einer Gruppe im Schlauchboot. Mit Bussen fuhren alle Interessenten nach dem Abendbrot zum Muonio-Fluss (Muoniojoki). Dort wurden wir erst einmal eingekleidet. Jeder erhielt Ölzeug, eine gelbe Kombination, die aus Hose und Jacke bestand, dazu eine Rettungsweste und Gummistiefel. Schon beim Einkleiden gab es großes Hallo, alle Kleidungsstücke waren wohl in Einheitsgrößen für große, starke Menschen gefertigt. Danach zählten die Verantwortlichen jeweils acht Leute ab, die einem Schlauchboot zugeführt wurden. Die Verantwortlichen verraten uns nicht, dass der Fluss hier zwar mächtig gurgelt und schäumt, aber eigentlich ganz ungefährlich ist, uns höchstens bis zur Hüfte reichte. Wir waren ängstlich, haben bei jeder Stromschnelle geschrien und gejauchzt, und am Ende waren auch alle klitschnass. Meine Gummistiefel, ohnehin viel zu groß, waren randvoll mit Wasser gefüllt.
Es war ein unvergessliches Erlebnis.

„Sie haben heute eine Wildwasserfahrt in der Äijäkoski-Stromschnelle auf dem Muoniojoki-Fluss nass und schreiend vor Freude absolviert. Ihre Leistung wird hiermit ausgezeichnet."

Das ist der Text meiner ersten diesbezüglichen Urkunde.

Rovaniemi ist die Hauptstadt der Provinz Lappland.
Noch vor dem Frühstück am folgenden Morgen machte ich mich allein auf den Weg, um wenigstens hinterher sagen zu können, dass ich die Stadt Rovaniemi besucht habe.
Alvar Aalto war nicht nur der verantwortliche Architekt für das „Lappia-Haus", das bedeutendste Gebäude des Ortes; die gesamte Stadt wurde nach seinen Plänen modern wieder aufgebaut, nachdem sie im zweiten Weltkrieg fast völlig zerstört worden war.

Beim „Weihnachtsmann", wenige Kilometer hinter der Stadt, treffen die Busse, die durch Finnland gefahren sind, mit den Bussen zusammen, deren Route von Göteborg über Stockholm an der Westküste des Bottnischen Meerbusens entlang führte.
Schon am Morgen halten hier Busse auf ihrer Fahrt nach Norden, so auch wir.

Das Allererste, was ich nach dem Ausstieg am Polarkreis-Zentrum sah, war ein Wegweiser, der etwa 15 Ziele angab: 400 km Nordkap, weiter … km Rom, Paris, Madrid, Tirol… Unmittelbar daneben war das Blockhaus, in dem sich die „Weihnachtsmann-Post" befand, dorthin würde ich unbedingt gehen müssen.

Ein großer freier Platz mit Kennzeichnung einer Linie in weißer Farbe fiel auf.

Das war er also, der POLARKREIS.

Das erstmalige Überqueren des Polarkreises war für mich ein besonderes Erlebnis. Dabei ist der Polarkreis optisch nur eine Linie, die quer über einen Platz verläuft, auf der die Breitengrade angegeben, also auf dem Platz aufgemalt sind.

Der Reiseveranstalter plant dort jeweils eine kleine Zeremonie.

© 2017 Anita Lehmann

Wir überschreiten gemeinsam den Polarkreis, trinken Sekt, und die Gäste erhalten zur Erinnerung „Nordland-fahrer- Zertifikate".

Der Reiseleiter hat zu organisieren, dass sich alle Gäste hinter der Linie aufreihen, dass dann nach einem Trinkspruch und weiteren guten Wünschen für die Reise gemeinsam der Schritt in die nördlichste Zone der Welt erfolgt.

40 Gäste, die alle erstmals hier am Polarkreis stehen, sollen sich hinter einem aufgemalten Strich versammeln, sollen zur gleichen Zeit jeweils ein Bein heben und auf Kommando des Reiseleiters diesen ersten Schritt tun. Dabei balancieren sie in den Händen Sektbecher und Fotoapparate. Wir übertönen mit unserem „Geschnatter" die Weihnachtslieder, die schon an diesem sonnigen Morgen aus dem Lautsprecher schallen. Aber wichtig ist, dass alle mitmachen und Spaß haben.

Danach kann jeder nach Herzenslust bummeln.

Jetzt ist alles anders, für mein Verständnis zu kommerzialisiert und bei weitem nicht mehr so romantisch. Viele Souvenir-Geschäfte (Schmuck, Pelze, Glas, Lederwaren, Messer…) wurden ansässig und verschwanden auch schon wieder. Geblieben ist das Geschäft mit dem Weihnachtsmann, die Weihnachtsmann-Post, die Begegnung mit dem Weihnachtsmann selbst und alle Dinge, die mit dem Fest zu tun haben.

Jedes Jahr besuche ich den Weihnachtsmann. Mit seinem wallenden Bart, den buschigen Augenbrauen und der tief auf der Nasenspitze sitzenden Brille sieht er genauso aus, wie ein Weihnachtsmann aussehen muss. Nur sehr viel jünger. Er sitzt zwischen einer großen Weltkarte und einem Globus, zwischen Weihnachtsbaum und Geschenkpaketen. Seine Augen strahlen, wenn sich Kin-

der oder Erwachsene zu ihm setzen. Hier wird fotografiert, und der Reisende kann das gelungenste Foto erwerben.
Auch ich setzte mich zum Fotografieren neben den Weißbärtigen. Er erkennt an meiner Kleidung, dass ich eine deutsche Reiseleiterin bin und spricht mich in meiner Muttersprache an. Der Weihnachtsmann spricht deutsch! Phantastisch!
Einen Weihnachtsbrief habe ich bei einem späteren Besuch in Auftrag geben. Kurz vor dem Fest erhält der mit dem Brief Beschenkte vom Weihnachtsmann Post.
Mehr als 700.000 Briefe werden jährlich verschickt. Vordrucke in verschiedenen Sprachen liegen aus, der Weihnachtsmann wird mit der Organisation keine Probleme haben.
Aus Jux habe auch eine Briefbestellung an meinen erwachsenen Sohn aufgegeben. Der große Umschlag und auch der Brief selbst waren kindgemäß mit Weihnachtsmotiven bebildert. Am Ende des Briefes gab es Weihnachtswünsche verschiedenster Art: „…Denk daran, auch im nächsten Jahr immer schön artig und fleißig zu sein. Und vergiss auch die Natur und die Tiere nicht, denn unsere Umwelt müssen wir unbedingt schützen. Es grüßt dich dein Freund, der Weihnachtsmann."
Die Grußformel am Ende des Briefes hatte meinem Sohn besonders gefallen. „…dein Freund, der Weihnachtsmann."

Mein nächster Weg führt ins sogenannte „Sommerbüro" des Veranstalters, eine Einrichtung, die ich nur bei meinen allerersten Fahrten hatte. Dort konnte man sich Hilfe für die nächste Etappe holen, seine Probleme darlegen. Bernd, der Verantwortliche aus Süddeutschland, war am Polarkreis der Mann, der sich unsere Sorgen anhörte und Tipps mit auf den Weg gab. Er wurde dann später dort ansässig. Keine Fahrt verging, auch als ich später für andere Reiseunternehmen unterwegs war, ohne dass ich bei ihm und seiner finnischen Frau „aufkreuzte". Für einen Tee war immer Zeit!

Danach lief ich in die große Halle.
Dort steht ein Schaukelstuhl, neben ihm ein Korb mit einem Strickzeug und verschiedene Wollsorten. Auf dem runden Tischchen davor liegt ein großes Buch, aufgeschlagen, um zu beweisen, dass der Unterzeichnete an einem Wollschal mit gestrickt hat. Bei späteren Besuchen sah ich ihn dekorativ an der Decke entlang geführt. Er soll der längste Schal der Welt werden. Jedes Jahr stricke ich einige Reihen am scheinbar endlosen Modell und trage mich in das Rekordbuch ein.
Und dann wurde ich eines Tages enttäuscht. Wieder einmal eilte ich zum Schaukelstuhl, aber die Nadel war zerbrochen. Wie kann eine Stricknadel zerbrechen? Im nächsten Jahr würden Ersatznadel und Wolle in meinem Koffer sein. Schade, dass so wenig Zeit bleibt, um alles auszuprobieren. Reiseleiter, die wiederholt hier sind, haben Zeit, Gäste kaum.

Es bleibt nach wie vor ein besonderes Gefühl, bei mehr als 20 Grad im Sommer den Polarkreis zu queren und Weihnachtslieder aus den Lautsprechern zu hören. Die durchschnittliche Temperatur im Juni beträgt 12,5 Grad, die Sonne scheint rund 300 Stunden. Das ist kein deutsches Weihnachtswetter.

Ein einziges Mal hielten wir planmäßig zur Mittags-
pause bei einem Rentierzüchter. Das Festessen der Samen, Rentiergulasch, war für uns vorbereitet worden.
Aus großen Kesseln erhielten wir Gulasch und Kartof-
felpüree. Das Rezept wurde gleich mitgeliefert: Schwei-
nefett auslassen, darin dann das hart gefrorene und klein
gewürfelte Rentierfleisch garen. Gewürze brauche man
nicht dazu geben, weil das Rentier genügend Gewürze
in sich trägt. Mir schien es eine einfache Art der Zube-
reitung zu sein.

Ich verwies schon darauf, dass hier am Polarkreis die
verschiedensten Routen zusammentreffen.

JAHRE SPÄTER,
bei anderen Reiseveranstaltern, wählte man meist die
nächtliche Überfahrt mit der FÄHRE von Deutschland
(Kiel) nach Göteborg und dann weiter durch Schweden
nach Oslo oder nach Stockholm.
Entlang der Westseite des Bottnischen Meerbusens erfolgt die Reise immer nordwärts bis zur finnischen
Grenze. In Rovaniemi, in zirka 25 Kilometer Entfernung
von der Nordküste der Meeresbucht, treffen die Busse,
wie ich schon schrieb, der unterschiedlichen Veranstalter zusammen.

Auf den Fähren wurden allen Gästen anfänglich Vier-
Bett-Kabinen zur Übernachtung zugewiesen, das konnten zwei Ehepaare oder vier Einzelpersonen sein; später
wurden in der Regel die Kabinen von jeweils zwei Personen genutzt. Anfangs wurde nicht gefragt, ob man sich

kannte oder ob der Partner, mit dem man die Kabine teilen sollte, unbekannt war.

Auf den großen Fähren der Stena- und Color-Line mussten Reiseleiter und Fahrer oftmals unterhalb des Fahrzeugdecks schlafen. Meine Kabine war dort sogar ganz vorn in der Spitze, ganz unten, außerhalb der Schotten. Ich war folglich morgens sehr früh an Deck.

Als Reiseleiterin war ich in den folgenden Jahren jeden Sommer zum Nordkap unterwegs.
Die meisten Fahrten, von insgesamt 28, begannen nach der nächtlichen Überfahrt in GÖTEBORG.

Fast zwei Stunden vor Anlegen der Fähre im Göta-Älv stand ich bereits am Fenster und verfolgte den Verlauf der Küste: eine flache, hügelige Linie und vor dieser, direkt am Meer, befinden sich kleine und kleinste Ortschaften.
Der Schärengarten besteht aus nackten oder mit spärlichem Graswuchs bewachsenen Inselchen, die nur wenige Meter aus dem Meer herausragen. Ab und an steht auf einer solchen Felseninsel ein „typisches Schwedenhaus", aus Holz bestehend, „falunrot" gestrichen mit weißen Konturen an Türen und Fenstern. Der gelb-blaue Wimpel, stellvertretend für das größere Fahnentuch, ist gehisst.
Unser Schiff fährt an einem „Leuchttürmchen" vorbei in den Göta-Älv. Ganz allmählich vermischen sich die Wasser des Meeres mit denen des Flusses; der trichterförmige Sund wird schmaler. Die ersten kleinen Segel-

schiffe kreuzen schon an diesem sonnigen Sonntagmorgen vor der Flussmündung. Ihre Spur verliert sich langsam im grau-grünen Wellengang.

Heute stehe ich während der Einfahrt in den Hafen auf der „Industrieseite" Göteborgs. Sie ist durch eine Unmenge von Öltanks und Windkraftwerken gezeichnet. Wir fahren vorbei an der alten Festungsinsel, den riesigen Kränen des Containerterminals und großen Tanks. Unter der beeindruckenden Brücke, die sich über den Fluss spannt, nähert sich die Fähre langsam dem Anleger. Gelandet in Göteborg.

Die Stadt soll eigentlich nur durchfahren werden. Wenn es die Zeit erlaubt, zeigen wir unseren Gästen ein wenig mehr von der Stadt, die 1621 auf Weisung Gustav Adolfs als Festungsstadt erbaut wurde. Deshalb fahren wir hinauf zur bekanntesten Silhouette, der Masthyggskyrkan, der Schifferkirche. Die Kirche, ein Bauwerk der Nationalromantik, steht auf einem 62 Meter hohen Felsen aus Granit und Gneis, scheint regelrecht aus dem Stein herauszuwachsen. Vom Kirchplatz und den ihn umgebenden Felsplateaus kann man auf die Stadt am Fluss schauen. Der Blick ist alle Anstrengungen des Hinauffahrens wert.
Auf direktem Weg durchfahren wir danach die Stadt. Die Gebäude ragen aus dem Felsen heraus, der steinerne Untergrund ist Teil der Wohnhäuser geworden. Vorbei an der neuen Oper, dem Hafen Lilla Bommen, weiter vorbei an Liseberg, dem größten Vergnügungspark Nordeuropas, geht es nordwärts.
Die gut ausgebaute Straße führt durch eine waldreiche Landschaft mit vielen Einzelgehöften, natürlich wird

auch hier Flagge gezeigt. In den skandinavischen Ländern wird neben privaten Häusern an Feiertagen die Fahne des Landes gehisst, an ganz „normalen" Tagen des Jahres flattern zumindest Wimpel an Fahnenmasten. An den auffallend gepflegten Straßenrändern ziehen kilometerlang Büschel von Lupinen in allen möglichen Farben den Blick auf sich. Die Streckenarbeiter mähen zwar den Rasen entlang der Autobahn, aber die farbigen Blumenbüschel werden stehengelassen. Später, Ende Juli, Anfang August, sind die Weidenröschen in Rosarot der bestimmende Farbtupfer im Grün der Landschaft.

Das erste Ziel auf dieser Route ist die Stadt SUNDSVALL, eine Stadt der Extreme. Die Altstadt besteht aus wunderschönen Bürgerhäusern, die erst Ende des 19.Jh., nach einem Großbrand, von reichen Sägewerksbesitzern erbaut wurde und die den Reichtum der Auftraggeber unterstreicht. Unmittelbar vor der Stadt, am Wasser, blasen Industriebetriebe ihre Abgase in die Luft. Aus den zahlreichen Schloten quellen dicke Wolken. Als wir uns der Stadt näherten, wunderten wir uns, weshalb in kürzester Zeit keine Sicht mehr war. Erst während des Vorbeifahrens an den Industriestandorten erkannten wir die Ursache. Es war keine überraschende Nebelbank, sondern „Dreck" aus den Essen der hier ansässigen Betriebe.

An Sundsvall habe ich auch humorvolle, persönliche Erinnerungen:
An unseren Busreisen beteiligen sich auch Gäste, die mit dem Flugzeug in Stockholm ankommen. Eine Dame hatte ihren Flug verpasst und fuhr mit dem Zug bis Sundsvall. Natürlich fühlte ich mich verpflichtet, sie

vom Zug abzuholen. Wie sollte ich die mir Unbekannte erkennen? Da hatte ich die rettende Idee. Ich entnahm unser Schild, das an der Vorderseite des Busses das Reiseziel angab, und ging bei Ankunft des Zuges als „Nummerngirl" auf dem Bahnsteig auf und ab. Obwohl aus dem Zug viele Reisende stiegen, klappte es reibungslos.

In Sundsvall übernachteten wir schon in verschiedenen Hotels. In allen Hotels sind die Getränke relativ teuer. Trotzdem, ohne Getränk zum Abendessen geht es nicht. Da zu meinem persönlichen Gepäck keine Handtasche gehört, habe ich mir angewöhnt, Geld bzw. Wechselgeld in die Hülle der Schlüsselkarte zu stecken. In der Eile der Abreise habe ich einen größeren Schein dort stecken lassen und merkte es erst nach der Abreise. Die Mitarbeiter der Rezeption werden sich über das großzügige Trinkgeld, das ihnen auf so unscheinbare Weise übergeben wurde, sicherlich gefreut haben. Immer dann, wenn wir erneut in diesem Hotel nächtigen, werde ich daran erinnert.

Nordwärts reisen wir auch am folgenden Morgen. Der Bottnische Meerbusen erstreckt sich etwa 650 Kilometer ins skandinavische Festland, denn er ist geografisch eine nördliche Bucht der Ostsee. In gebührender Entfernung, wir sehen das Wasser nicht, folgen wir diesem Meereseinschnitt auf schwedischer Seite.

Noch bevor man den Angermann-Älv erreicht, fahren wir durch eine Landschaft, die im Jahr 2000 in die Welterbeliste aufgenommen wurde, „HÖGA KUSTEN". Es ist die einzige hügelige Küstenstraße an der Ostseebucht mit seiner höchsten Erhebung von rund 290 Metern.

Nach der letzten Eiszeit hat sich die Landschaft in der jetzigen Form aus dem Meer erhoben. Wie gern würde ich anhalten und auf den Skuleberget hinauffahren. In all den Jahren ist es mir nicht gelungen, aber „ich will". Eine Seilbahn führt auf den unter Naturschutz stehenden Berg, man soll von dort den schönsten Blick auf den Bottnischen Meerbusen haben, so steht es in den Beschreibungen.

Nicht nur die A4 ist während des Jahrzehnts, in welchem ich als Reiseleiter tätig bin, ausgebaut worden, auch ganze Straßenführungen wurden verändert. Das bedeutendste Projekt war während dieser Zeit das „Höga Kusten Projekt" (Hohe Küsten Projekt), ein Bauvorhaben, wo nicht nur die alten Schotterstraßen festen Belag erhielten, sondern auch die Strecke durch den Bau neuer kleinerer Brücken verkürzt , die Straßenführung verändert wurde.

Architektonischer Höhepunkt des Projektes ist die Brücke über den Angermann, die HÖGA KJUSTENBRON. Als sie innerhalb von vier Jahren mit einer Spannweite von 1.210 Metern gebaut und 1997 eingeweiht wurde, war sie die längste der Welt. Unseren Gästen kündige ich sie immer als „Golden Gate" Schwedens an. Ob es die 180 Meter aus dem Wasser heraus ragenden Pfeiler sind, die Mächtigkeit der Gesamtkonstruktion oder aber der Blick über den 450 Kilometer langen Strom, dessen Mündung hier immer breiter wird und kleine Inselchen einschließt, ich weiß nicht, was mich am meisten beeindruckt.
Auf der nördlichen Seite des Flusses gibt es ein Hotel und einen Parkplatz. Die Pause dort ist für mich ganz,

ganz wichtig. Obwohl der Rastplatz immer mehr auf Touristen zielt, nehme ich mir persönlich eine nur wenige Minuten dauernde Auszeit, um irgendwo auf einem kleinen Plateau zu sitzen und auf das Wasser zu schauen: Dunkelgrünes Wasser, Inselchen im Sund, scheinbar unberührte Natur, wenn man davon absieht, dass manchmal noch Baumstämme geflößt werden. Im Kontrast zu dieser beeindruckenden Natur spannt sich darüber das technische Meisterwerk der neuen Brücke.

In den ersten Jahren fuhren wir über eine Brücke, die Sandöbro, die ebenfalls eine beeindruckende Spannweite (264 m) über den Älv hat. Damals verlief die Straße jedoch weiter westlich, und das bedeutete einen weiteren Fahrweg. Der verkürzte Straßenverlauf und die neue Brücke sind typisch für die Veränderungen hier, auch zum scheinbaren Vorteil für die Touristen.

Jeden Sommer fielen uns Reisenden Schilder an den Straßenrändern Schwedens auf, unterschiedlich groß, in kürzeren oder längeren Abständen. Darauf stand das Wort „Loppi" und ein Hinweis auf die Entfernung. Was ist oder sind „Loppi" in 100 oder 200 Meter Entfernung? Oftmals zeigten die Wegweiser Richtung Waldinneres. Zunächst dachte ich an Pilze oder Beeren, die zum Verkauf angeboten würden, dann an Rastplätze, wo möglicherweise etwas zu essen oder trinken angeboten wird. Die Befragung der Einwohner in englischer Sprache ergab für mich folgendes Bild: es gibt da Tische und Stühle, keine Speisen oder Getränke, aber viele Dinge zum Ansehen und auch käuflich zu erwerben. Richtig schlau wurden wir nicht. Nachdem aber immer wieder „Loppi-Wegweiser" aufgetaucht waren, überredete ich den Fahrer, einem solchen Wegweiser zu folgen. Als wir nach vielleicht 300 Metern an eine Waldwegkreuzung kamen, wollte der Fahrer das Risiko der Weiterfahrt nicht mehr tragen. Unverrichteter Weise kehrten wir um.

Tage später konnten wir endlich an einer oder einem „Loppi" halten. Alles stimmte, was man uns beschrieben hatte. Auf Tischen lagen alte Gebrauchsgegenstände; Kleidung und auch Möbel konnte man erwerben, ein Flohmarkt. In Skandinavien sind die Flohmärkte sehr zahlreich, nicht so groß und organisiert wie bei uns zu Hause. Jede Familie verkauft, was sie nicht mehr braucht. Deshalb zeigten die Hinweisschilder auf die sich im Wald befindenden Wohnhäuser. So einfach ist es, wenn man es weiß.

Ort der Übernachtung wird die Stadt am Lule-Fluss sein, LULEA.
Ebenso wie Göteborg wurde sie 1621 von Gustav Adolf gegründet. Die betriebsame Stadt, die ebenso wie Narvik Hauptumschlagplatz für Eisenerze ist, wurde später an die jetzige Stelle verlegt.

Dorthin, wo sie ursprünglich gegründet wurde, fahren wir noch vor Erreichen der „neuen" Stadt.
Die alte, kleine „Gammelstad" existiert noch als Schwedens größte und bedeutendste Kirchenstadt.
Etwa 500 Kirchhütten sind um die im 14. Jahrhundert gebaute Kirche versammelt. Rote Holzhäuschen, weiß abgesetzt wie die größeren Geschwister, sind um den Kirchplatz gruppiert. Bis heute bieten sie Kirchgängern, die weiter entfernt wohnen, Unterkunft. Sogar an die Unterbringung von Pferd und Wagen wurde damals gedacht.

Wir geben den Gästen Zeit, durch die „Straßen" zu schlendern. Die weißen Fensterläden sind einladend geöffnet. Wir gehen von Fenster zu Fenster: Flickenteppiche auf hellen Holzböden, Tische verziert mit selbst gehäkelten Decken und künstliche Blumen, schmale Sofas, die auch als Bett fungieren können oder auch Platz sparende Doppelstockbetten, die im Schrank eingebaut wurden, Schaukelstühle, Wasserkrüge und Wasserschüsseln auf alten Metallgestellen, alles das erinnert an „alte Zeiten". Ich sehe aber auch moderne Kühlschränke und weiß, dass elektrisches Licht und fließendes Wasser in allen Häuschen funktionieren. Auf den Fenstersimsen, sozusagen für uns, stehen Blumentöpfe, Kaffeekannen, Zierporzellan und natürlich schwedische Fahnen. Es wird sehr viel Wert darauf gelegt, den Charme der vergangenen Zeit zu bewahren.

Auch das Kirchenleben ist noch aktiv. Wir erlebten eine Hochzeit. Und obwohl wir nur schauende Touristen waren, durften wir der Trauungszeremonie beiwohnen. Die Orgel erklingt, die Geistliche spricht… es fällt schwer, diesen Ort zu verlassen.

Nördlich des Bottnischen Meerbusens fahren wir nach dem Besuch Luleas auf finnischer Seite weiter nach Rovaniemi, besuchen das Polarkreiszentrum wie bei den anderen Fahrtrouten auch.

Die Schönheit finnischer Wälder vermag ich nicht in Worte zu fassen. Selbst wenn wir stundenlang auf fast schnurgerader Straße fahren, ich kann mich nicht satt sehen.

Hier habe ich erfahren, dass der Export von Holz fast die Hälfte des Gesamtexportes ausmacht, dass aber Nadelbäume 40 Jahre brauchen, um Einschlag reif zu werden. Deshalb werden die Setzlinge beispielsweise zum schnelleren Wachsen nach Deutschland geschickt.

Und ich hörte weiter, dass neben dem Industrieholz das Abfallholz eine immer bedeutendere Rolle spielt.

Je weiter wir in den kommenden Tagen nach Norden fahren, desto mehr verändert sich die Natur. Aus dichten Fichtenwäldern werden locker bewachsene Kiefern- und Birkenwälder. Nackte Felsen, Aussichtspunkte, und morastige Stellen bis hin zu größeren Moorflächen sind unsere Begleiter, die TUNDRA ist erreicht.

Auf einer meiner ersten Reisen übernachteten wir in einem Hotel mitten in der Tundra. Von meinem Fenster aus hatte ich einen malerischen Blick auf einen kleinen See, wo Rentiere ganz ungestört Nahrung suchten.

Lange schaute ich hinaus, denn einen Spaziergang wagte ich aufgrund der Mückenplage nicht, die hier und in diesem Jahr besonders stark war. Am Nachmittag waren die Gäste nicht mehr bereit gewesen auszusteigen, so sehr plagten uns die Mücken.

Als der Bus dann abends vor dem Hotel stand und die Fahrer begannen, den Bus zu säubern, hätten sie die Kleidung eines Imkers gebraucht, um heil davon zu kommen. Selbst im Bus war es unerträglich, und ich flüchtete mich mit meinem ganzen Schreibkram durch doppelte Türen ins Hotel.

„Mücken sind im sommerlichen Lappland allgegenwärtig. Sie sind ungefährlich, aber besonders im Juli können sie zur Plage werden. Der beste Schutz gegen sie ist ein Mückenspray oder -öl."

„Der Sommer.. ist die Zeit der Mücken, deren Milliarden Heere den lappländischen Himmel verdunkeln, sobald die Larven in den Pfützen der Schneeschmelze ausgeschlüpft sind."

So oder in ähnlichen Varianten konnte man über die Mückenplage lesen. Wir haben alle die angepriesenen finnischen Antimückenmittel gekauft, aber geholfen haben sie nie ganz.

Irgendwann war ich eingeschlafen und wachte auf, weil die Sonne mir ins Gesicht brannte. Verschlafen schaute ich auf die Uhr. 14.30 Uhr?

Der Schreck war groß. Hatte die Gruppe den Reiseleiter vergessen?

Erst allmählich begriff ich, dass es 2.30 Uhr war, also mitten in der Nacht. Ich war ziemlich verwirrt.

So intensiv erlebte ich die nächtliche Sonne später noch einmal, als wir früh am Morgen gegen 3.30 Uhr von einem Nordkap-Ausflug nach Repvag aufs Festland zurück kamen und ich noch eine Stunde der „Sonnennacht" ganz allein mit meinem Fotoapparat die absolute Ruhe einer nordischen Nacht genoss. Spiegelbild-Fotos entstanden, wie ich sie nie wieder fotografieren konnte.

Während meiner ersten, hier beschriebenen, Nordkap-Fahrt haben wir am heutigen Tag (5. Tag) die längste Strecke zu absolvieren.

Eine über 300 Jahre alte Holzkirche, Lapplands ältestes erhaltenes Kirchengebäude, sollte in SODANKYLÄ angeschaut werden. Ohne die Kenntnis des dänischen Busfahrers hätte ich dieses Kleinod nie gefunden. Jetzt weiß ich, dass ich hinter einer Skulptur mit dem Namen „das Rentier und der Lappländer" in einen kleinen Park abbiegen muss. Der Fahrer hielt einfach mitten in diesem Park, und nun musste ich nur noch schauen, wo vielleicht ein Friedhof zu sehen war oder das Dach einer Kirche. Ganz einfach, wenn man schon mal dort war.
An dieser Stelle war die Konzentration der ungeliebten Mücken wieder einmal besonders hoch.

Ganz schnell wollten wir weiter zum INARI-See.

Für uns Touristen gab es noch einen Stopp vor Erreichen des Inari, der Aufenthalt in der „Bärenhöhle". Begrüßt wurden die Gäste in deutscher Sprache von einem riesigen Bären. Der Betreiber dieser Hütte hatte sich das ausgedacht.

© 2017 Anita Lehmann

Jeder wollte den Bären anfassen, und jeder Gast wurde persönlich begrüßt: „Guten Tag, schöne Frau..." oder „...schöner junger Mann". Den freundlichen Worte des Bären folgten immer Lachsalven der Gäste. Ich wusste natürlich, dass die Worte von einem Mitarbeiter gesprochen wurden, der rein zufällig vor dem Bären saß.

Hier hatten unsere Gäste auch kurze Zeit, um finnische Souvenirs zu erwerben. Wir, Reiseleiter und Fahrer, erhielten während dieser Zeit einen kostenlosen Tee und durften uns in das Besucherbuch eintragen. Natürlich wurde darin geblättert und geschaut, welche Busse vor uns schon in der Höhle waren. Wir zwei durften unsere Adresse hinterlassen und erhielten dann pünktlich zum Jahreswechsel einen Jahreskalender. Das war eine Aufmerksamkeit für uns, die nur hier erfolgte.

Der Inarisee ist etwa doppelt so groß wie der Bodensee, seine Ufer sind felsig, viele Buchten sind im Vorbeifahren zu sehen. Kiefern und Birken wachsen bis an den Rand des Wassers. Dass er viele kleine Inseln in seinem Inneren versteckt, kann man nur vermuten. Das Allerschönste aber ist, dass er glasklar ist und der Betrachter jederzeit bis auf den Grund sehen kann.

In irgendeinem touristischen Buch habe ich gelesen, dass der Inari erst Ende Mai/Anfang Juni eisfrei sei. Dann würde auch die jährliche Urlaubssaison hier im Norden beginnen. Für unseren Reiseveranstalter traf das zu.

Mitunter halten wir noch einmal auf finnischer Seite zum Besuch eines „Naturzentrums".

Auf beiden Seiten der Grenze, in Inari und auch in Karasjok, dann schon in Norwegen, sind feste Ausstellungen, in denen es hauptsächlich um die Geschichte und Lebensweise der Samen geht.

Etwa 50.000 Samen leben in Skandinavien. Sie haben ihre eigene Kultur, Sprache und Geschichte. Viele „Lappen" betreiben Rentierhaltung und begleiten ihre Herden das ganze Jahr über auf deren Wanderung. In der Region um den Inari-See leben viele Samenfamilien.

„Ihre" Farben spiegeln sich in ihrer eigenen Fahne und in der traditionellen Kleidung wieder: die Farbe des Himmels, des Schnees und des Feuers. Wir haben die Kleidung nur gesehen, wenn es um touristische Besuche ging. Sahen die Menschen unsere Busse, dann verschwanden sie und kamen kurze Zeit später in ihrer Tracht zurück.

Auch sie mussten sich den Lebensverhältnissen anpassen und leben nicht mehr in Erdhütten, wie sie den Touristen noch präsentiert werden.

Erich Wustmann, ein sächsischer Wissenschaftler und Autor des 20.Jahrhunderts, lebte mehrere Jahre in Lappland und schrieb das Buch „1 000 Meilen im Rentierschlitten". Ich kannte das Buch bis zu meiner ersten Reise nicht. Ein Mitreisender, von dem ich später erzählen werde, hat es mir ausgeliehen.

Darin gab es eine Vielzahl von Passagen, die das frühere Leben der Rentierhalter treffend charakterisieren. Vier habe ich ausgewählt:

-„Wenn ich heute zurückdenke, bestand unser Aufenthalt in Lappland eigentlich nur aus Sommer und Winter, obwohl wir viele Jahre dort gewesen sind."

-„Wohin geht die Herde?" fragte ich… „Wohin sie will", antwortete er. „Die Insel ist groß. Nachdem wir in einem Tal das Zelt aufgeschlagen hatten, ging ich…auf einen Berg, von wo aus wir das Nordkap liegen sahen. Es war gegen Mitternacht, die Sonne stand im Norden. In unerhörter Farbenpracht dehnte sich das Meer in die Ferne."

-„Manchmal wirft man die Frage auf, weswegen die Herden wandern. Kleinere Wanderungen werden durch schlechte Weide bedingt, doch liegt es durchaus nicht in der Natur der Rentiere, viele hundert Kilometer weit zu gehen, sondern sie eigneten sich diesen Trab erst an…Eine nähere Erklärung dieser Umstände gibt es nicht."

-„Der Frühling hielt mit bunten Steinpflanzen seinen Einzug. Es war rührend zu sehen, wie neben Schnee und Eis Blumen aufblühten, als hätten sie nur auf diesen Augenblick gewartet, vom Frost befreit zu werden. Die Birken bekamen grüne Blätter, Polarweiden blühten, das Gras wuchs und gedieh rasch in den hellen Nächten. Auf den Bergen lag selbst um Mitternacht noch Sonnenschein."

Innerhalb historisch kurzer Zeit hat sich aber im Leben der Samen Vieles geändert. Nur noch ein Zehntel der Samen in Finnland lebt von der Rentierhaltung. Sie leben in Steinhäusern, fahren Motorschlitten und telefonieren mit dem Handy. Aber den „Joik" gibt es noch immer, eine traditionelle Volksmusik, die Familientradition hat und sich jeweils von dem Joik anderer Familien unterscheidet. Für mein ungeübtes Ohr klang es entfernt nach Jodeln.

Wir fahren weiter nordwärts, und wieder verändert sich die Landschaft. Die Straße führt nicht mehr durch ebenes Land, sie wird hügelig und morastig. In der Ferne sehen wir schneebedeckte, aber abgeflachte Bergkuppen. Von dem einen Einwohner pro Quadratkilometer, der hier in Nordfinnland lebt, sehen wir keinen nördlich des Inari. Mit anderen Worten: Die Landschaft war menschenleer.

Während späterer Reisen übernachteten wir mehrfach im „Tunturi- Hotel" in SAARISELKÄ. Dort befindet sich ein großes Wintersportzentrum. In meiner Erinnerung waren die Aufenthalte dort die romantischsten, die vielleicht finnischsten. Nirgendwo waren wir so nah an der Natur.

Das brachte mich auf die Idee, den Gästen eine „Wanderung" auf den Berg Kaunispää (438 Meter) anzubieten. Beim Abendessen erzählte ich, dass ich noch einen etwas längeren Spaziergang machen würde, es könne sich ruhig der eine oder andere anschließen. Fast die gesamte Gruppe „marschierte" damals mit mir los. Nachdem wir aus der Ebene ein Stück hinauf gelaufen waren, sahen wir schrittweise mehr von der uns umgebenden Landschaft. Etwa drei Kilometer waren es bis zur Spitze unseres Aussichtsberges. Es war taghell, auf dem flachen Berg gab es keine Mücken und sogar das Restaurant hatte noch geöffnet. Alle waren wir rundum zufrieden. Leider mussten wir auf dem Rückweg kurz vor dem Hotel durch eine Senke, in der sich die Mücken in hoher Konzentration aufhielten. Zurück aber mussten wir! Noch vor Mitternacht waren wir wieder im Hotelkomplex.

In den ersten Nordkap-Jahren fuhren wir hinter Inari über Schotterpisten. Die Busse zogen große Staubwolken hinter sich her. Wenn man da in der Reihenfolge der fahrenden Busse nicht der erste war, dann musste der Fahrer in einer bräunlichen Staubwolke den Weg finden.

Jetzt ist die Straße zur norwegischen Grenze betoniert und trotzdem wird dem einen oder anderen Gast die

Berg- und Talfahrt, das ständige Auf und Ab der Straße, bald zu viel. Nachdem man auf der Bergkuppe das Gefühl hatte abzuheben, ist der Fahrer genötigt, in den Tiefen der Straßenführung abzubremsen. Die Spuren im Straßenbelag belegen, dass es nicht allen rechtzeitig gelang.

Endlich erreichen wir den PORSANGER-FJORD, der auch Nordkap-Fjord genannt wird. An ihm und scheinbar allen Seitenarmen fahren wir entlang, zuerst voller Begeisterung, später etwas ernüchtert, weil die Kurven gar kein Ende zu nehmen scheinen.

Abwechslung bieten die Rentiere, die überall sind, auf den Felsen, am Fjord, im Wasser und ein ganzes Rudel in der Sonne vor dem Tunneleingang. Sie lassen sich auch von uns nicht aus der Ruhe bringen, sie bleiben mitten auf der Straße stehen. Glück für uns, denn so kommen alle Reisenden zu ihren Rentier-Fotos. Der Fahrer muss sehr aufmerksam sein, denn die Tiere sind unberechenbar. Sie brechen unvermittelt aus dem Wald heraus und laufen über die Straße oder aber sie holen sich ihre Mahlzeit direkt am Straßenrand, sie genießen an heißen Tagen den Fahrtwind.
Gleich bei meiner ersten Fahrt konnte der Fahrer nicht verhindern, dass ein Rentier vom Bus gestreift wurde. Später nie wieder. Dem Tier passierte nichts, aber das Glas unserer Vorderbeleuchtung war zerbrochen, und der Bus hatte vorn (nur) eine kleine Delle. Aber der Schreck war groß.

Um die Fahrt ein bisschen aufzulockern, schlug ich vor, die Trolle von TROLLHOLMSUND zu suchen. Ein

Wegweiser zeigt uns, wo wir abfahren müssen. Hier soll es laut Beschreibung des Tourismus-Verbandes eine Landschaftsform geben, in der man versteinerte Trolle am Meer sehen könne, Trolle, die einst von der Morgensonne überrascht worden waren.

Trolle tauchen als Namensgeber in Skandinavien häufig auf. Wie werden wohl zu Stein gewordene Trolle aussehen? Der Umweg betrug ca. sechs Kilometer, sogar einen Parkplatz gab es. Aber wo waren sie, die Trolle? Es war schwierig, etwas Troll-ähnliches am Strand zu finden. Das Glanzfoto auf dem Werbeprospekt war so in der Realität nirgendwo. Schließlich legten wir gemeinsam fest, dass eine nach oben spitze, schieferähnliche Formation die Trolle sein müssten. Mit Sicherheit konnten auch die Bewohner des nahe gelegenen Hofes nicht sagen, welche Verformung der Troll gewesen ist.

Trolle wohnen der Sage nach hoch im Norden, in den Bergen. Wie man den zum Kauf angebotenen Gesellen ansieht, sind sie grässlich, hässlich, dumm und einfältig, aber auch Glücksbringer. Deshalb „bauen" die Touristen auch ihre eigenen Trolle. Stein auf Stein, Steinchen auf Steinchen werden übereinander geschichtet, so dass eine kleine Pyramide entsteht. Auf den Hochebenen, ja sogar auf der unter Naturschutz stehenden Nordkap-Insel, kann man sie sehen. Große und ganz kleine.

In den ersten Jahren wurden die Busse mit Fähren von KAFJORD (Name für Ort und Fjord) nach Honningsvag gebracht. Jeder Busfahrer versuchte deshalb, so schnell als möglich, das Schiff zu erreichen. Manchmal standen mehrere Busse im Hafen von Kafjord, um auf die Fähre, das letzte Hindernis auf dem Weg zum großen Reiseziel, zu fahren.

In Kafjord gab es einen kleinen Markt, hauptsächlich für Bekleidung. Während der Male, die wir in der Nähe des Kaps übernachteten, hatten wir für die Nachtfahrt einheimische, also norwegische, Fahrer. Ole, einer von ihnen, erzählte mir, dass er sich eine traditionelle Norweger Jacke kaufen wolle. Wir ließen nicht locker, bis er nach dem Kauf als „Männermodel" seine neue Errungenschaft vorführte.
Wenn man davon ausgeht, dass von Finnen und Norwegern gesagt wird, dass sie in vielen Sprachen schweigen können, dann war sein Gang durch den Bus in der neuen Jacke eine Auszeichnung für uns.

Die Rückfahrt nach dem Besuch der Nordkap-Insel erfolgte unterschiedlich.
Mitunter übernachteten wir im Hotel auf der Insel Mageroy, aber zu Beginn mussten wir noch in der Nacht zurück. Dann standen wir mit unseren Bussen im Hafen von Honningsvag, die Gäste schliefen im Bus. Wir warteten auf die erste Fähre am frühen Morgen. Traf die ein, wurden die Gäste geweckt, während der Fjordfahrt sollte der Aufenthalt außerhalb des Busses erfolgen. So gegen 3.30 Uhr waren wir dann in einem Hotel in REPVAG, einem kleinen Fischerdorf.

Jetzt ist die Anfahrt einfacher geworden, aber es fehlt die Romantik des Wartens, des langsamen Annäherns an die Insel. Seit Sommer 1999 sind die drei neuen Tunnel eingeweiht, die Fahrt über die 28 Kilometer neue Straße verläuft ohne Wartezeiten. Ein bisschen unangenehm empfinde ich die Tunnelfahrten. Der erste und zugleich mit fast sieben Kilometern längste Tunnel hat es in sich, zunächst geht es im Tunnel ziemlich weit und steil hinunter, immer unterhalb des Meeres zwischen Festland und Insel und dann wieder, sogar steiler, hinauf. Ich könnte sehr gern darauf verzichten.

Die meisten Veranstalter lassen ihre Reisegruppen in HONNINGSVAG übernachten, der nördlichsten Gemeinde des Landes.

Nach dem Erreichen der Insel läuft es etwa folgendermaßen ab:
Nach dem Abendbrot im Hotel und einer angemessenen Ruhepause beginnt 21.00 Uhr die Fahrt zum NORDKAP.

Ich versuche immer wieder, den Gästen zu vermitteln, dass das Kap geografisch wunderschön gelegen ist, dass jedoch die Landschaft der Mageroy als Ganzes das Schöne und Einmalige darstellt.
Zirka 35 Kilometer trennen das Hotel vom Zielpunkt. Noch im Ort wissen wir nicht genau, wie das Wetter oben auf dem Felsen sein wird. Die Veränderungen des Wetters vollziehen sich sehr schnell.

Die Insel MAGEROY, die Nordkap-Insel, hat sich äußerlich nicht verändert; die magere, sparsame Vegetation besteht hauptsächlich aus Moosen und Rentierflechten. Wissenschaftler haben jedoch bewiesen, dass Pflanzen auf der Insel wachsen, wie sie sonst nur am Fuße der Alpen vorkommen.
Nach einer reichlichen halben Stunde Fahrt können wir schon die „spitze Nase" sehen, den 307 Meter hohen

Nordkap-Felsen, der weit ins Meer hinaus ragt. Von hier sind es noch 2.090 Kilometer zum Nordpol. Die eiskalte Einsamkeit einer Polarnacht, die 67 Tage andauert, kann und will ich mir nicht vorstellen. Wir reisen ja sozusagen im Hochsommer.

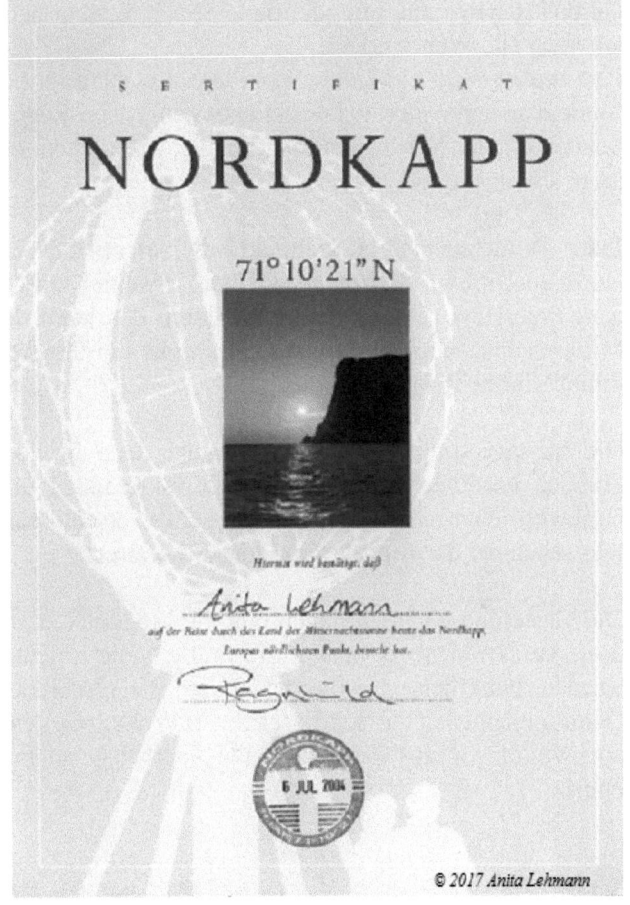

Als ich 1992 erstmals mit einer Reisegruppe hierher kam, erlebte ich die Mitternachtssonne. Der dänische Busfahrer war fast 30 mal oben und hatte die Sonne noch nie in solcher Schönheit sehen können. Was hatte ich für ein Glück!
Seither fiebere ich dem Augenblick entgegen, wo ich am Globus stehen kann, mit oder ohne Sonne. Seither habe ich auch alle Wetter erlebt.
Fast immer weht ein kalter Wind über das Plateau, besonders an der Weltkugel direkt über dem Meer. Regen, Schneetreiben, Nebel, und auch Sonne, aber selten, erlebte ich hier schon.

Jeder Teilnehmer erhält während des Aufenthaltes ein Nordkap-Diplom überreicht, auf dem bestätigt wurde, dass Frau/Herr ..." auf der Reise durch das Land der Mitternachtssonne das Nordkap, Europas nördlichsten Punkt", besucht hat.

Die Aussage stimmt zwar nicht so ganz, denn der geografisch nördlichste Punkt heißt Knivskjerodden und liegt westlich, aber er ist touristisch nicht so erschlossen. Wir sehen bei der Auffahrt nur den Wegweiser.

Die Gäste und auch ich haben nun die Möglichkeit, all die „Attraktionen" zu sehen, die mittlerweile errichtet wurden. Pünktlich um Mitternacht sind wir verabredet. Dann schleppe ich die Sektflaschen zur Weltkugel, denn dort wollen wir anstoßen auf eine bis hierher gelungene Fahrt.

Ein anderes Mal habe ich auf einem Barhocker in der großen Halle Platz genommen und schaue auf die Touristen, die aus 20 oder mehr Bussen stiegen. Alle scheint nur ein Gedanke zu bewegen, das Kap und den nicht untergehenden roten Sonnenball zu sehen. Leider nein. Heute nicht.

Oder doch? Gelblich schickt um Mitternacht die Sonne ihre Strahlenbündel aufs Meer und ebenso gelblich glitzert das Wasser am Horizont. Ähnlich einer Sparlampe, die allmählich stärker wird und den Raum erhellt, so sehe ich Meer und Wolken. Dann wird die Sonne heller. Glitzernde Bahnen laufen vom Horizont direkt hierher zu meinem Standort.

In der Halle ist es trotz der vielen Menschen still. Gebannt verfolgen alle das Schauspiel der Natur.

Vor wenigen Minuten stand ich vor einer Informationstafel, auf der über den Untergang der „Tirpitz" und den

Tod von 1.900 Menschen berichtet wurde. Das Schlacht-schiff wurde 1943 vom Kreuzfeuer der feindlichen Tor-pedos getroffen, nur 36 Seeleute konnten gerettet wer-den.

In Skandinavien wird man sehr häufig, und mehr als mir vor meinen Reisen bewusst war, an Geschehnisse des zweiten Weltkrieges erinnert. Nicht nur die Einzelheiten des Unterganges der Tirpitz erschütterten mich, sondern auch, dass derjenige, der das Versenken des Schlacht-schiffes „Scharnhorst" veranlasst hatte, zum „Baron of North Cape" erhoben wurde und 1956 die neu gebaute Straße zum Kap einweihen durfte; sein Name ist Lord Fraser.

Nach Mitternacht fahren wir zurück ins Hotel. Im Bus wird es ganz still. Einige Gäste sind eingeschlafen, an-dere schauen, so wie ich, hinaus: Die Straße verläuft kur-venreich, der Schnee ist unberührt und dort, wo er sich zurückgezogen hat, ist nackter Fels, kaum Gras. Auf den Hochebenen sehe ich Schieferbrocken oder bemoosten Boden. Hier „wachsen" auch die Trolle. Um den kleinen, flachen See liegen Schneereste und dort, wo die Sonne alles weg taute, findet man kräftiges Wollgras.

Endlich sind auch wieder Rentiere zu sehen, oftmals nur als Silhouette im Gegenlicht, einzeln und in Gruppen. 5.000-6.000 Tiere machen den Viehbestand auf der Insel aus. Samenfamilien aus Karasjok bringen ihre Tiere je-des Jahr im Sommer über den Sund. Mehr als 40 Tiere kann ich jedoch während der Abfahrt nicht zählen.

Die Straße führt weiter steil bergab. Wir sehen die Blink-feuer der Landepiste bei HONNINGSVAG und durch-fahren anschließend den Ort mit seinen farbigen Holz-häuschen, der bis auf die Kirche im Krieg völlig zerstört worden war und nach dem Krieg wieder aufgebaut wurde.

Am nächsten Morgen brechen wir auf, um noch einmal entlang des Porsanger diese besondere Landschaft zu be-trachten.

Während der ersten Fahrten, als wir sozusagen im Bus die Nacht verbrachten, also kein „skandinavisches Bett" sahen, ging es nach dem Besuch des Kaps sofort weiter, in südlicher Richtung entlang des Porsanger Fjordes. Unser Ziel hieß KAUTOKEINO, dort mussten wir zum Frühstück sein.

Die Orte HAMMERFEST und ALTA besuchten wir auf der Durchfahrt trotzdem noch.

Unsere Strecke verlief danach durch den nördlichsten Teil Norwegens, die „norwegische Finnmark". Oder an-ders gesagt, wir bewegten uns auf derselben nördlichen Breite, auf der Grönland, Sibirien und Alaska auf den Karten zu finden sind. Dank des Golfstromes gibt es hier Sommer mit 25 Grad Wärme, und Winter ohne Minus-grade sind keine Seltenheit.
Wir erleben eine sich unendlich ausdehnende, wellige Hochebene mit unzähligen Hochmooren. Das alles ist kennzeichnend für den westlichen Ausläufer der sibiri-schen Taiga. Auch hier ist die Mücke der „Nationalvo-gel".

Ein deutscher Busfahrer schwärmte besonders von den unzähligen Angelseen, es gebe mehrere Tausend Kilometer Forellen- und Lachsflüsse.

Erst im Zentrum der norwegischen Samen, in Kautokeino, trennten sich die meisten Routen. Bei meinem ersten Veranstalter fuhren wir nunmehr über Finnland zurück nach Kopenhagen.
Bei den anderen Reiseveranstaltern, die länger unterwegs waren, fuhren über Tromsö, Narvik und Harstad zu den Lofoten.

Es wird in folgendem von verschiedensten Reisen unterschiedlicher Veranstalter erzählt werden.

Zweimal war ich bisher in TROMSÖ, davon einmal planmäßig, aber da habe ich von der Stadt nicht viel gesehen, weil wir nach Querung der Brücke vom Festland zur Insel irgendwo im Felslabyrinth der Straßenführung unter dem Meer verschwanden und abseits der Stadt ein Hotel hatten. Nur der Blick im Vorbeifahren auf die Stadt und der kurze Besuch der „Eismeerkathedrale" (1965 gebaut) sind mir von daher in Erinnerung.

Ein Fehler der Agentur in Skandinavien sollte es möglich machen, dass ich bei einer anderen Fahrt ein klein wenig mehr von Tromsö sehen könnte. Wie immer kamen wir vom Nordkap, waren zur Zwischenstation in Alta und mussten eine bestimmte Fähre in OLDERDALEN erreichen, um auf die Halbinsel Lyngen über zu setzen. Der Fahrer fuhr mit maximaler Geschwindigkeit, wir ließen keine unnötige Pause zu, aber die Zeit wurde immer knapper, der Tank des Busses immer leerer. Natürlich erfahren die Gäste nichts von unseren Problemen.

Es ist nicht immer leicht, sich mit keinem Wort und keiner Geste zu verraten.

Die Tankstelle war in Olderdalen, dort wo auch die Fähre nach Lyngseidet in wenigen Minuten abfahren würde. Der Fahrer meinte, dass er den Bus zwar auf die Fähre bringe, dass der jedoch auf der anderen Seite nicht mehr anspringen würde. Mir blieb nichts weiter übrig, als so schnell ich irgend konnte, zur Fähre zu rennen, zu bitten, auf unseren Bus zu warten, der an der Tankstelle hielt. Die Gäste waren ebenso aufgeregt wie ich. Der Kapitän zeigte Verständnis. Geschafft! Quer über die schmale Insel Lyngen und quer über die Insel Troms fuhren wir nach Tromsö, wo für uns, entsprechend unserer Reiseunterlagen, je ein „Lachskabinet" und ein Glas Sekt bereit standen.

Keiner wusste, was ein „Lachskabinet" sein sollte. Ich habe sogar im Fremdwörterbuch nachgesehen, das Wort gibt es nur mit dem doppelten „t" als „Kabinett". Es entpuppte sich als ein Lachsbrot, eine tassengroße runde Scheibe Brot belegt mit Lachs. Mehr nicht. Dafür waren wir nun stundenlang unterwegs gewesen!

Mittlerweile zeigte die Uhr schon nach 17.00 Uhr; unsere Übernachtung war in SKIBOTN geplant, noch einmal 120 km entfernt. Wie viel Zeit kann ein Reiseleiter der Gruppe unter diesen Umständen geben, um die Stadt zu entdecken? In jedem Fall zu wenig.

Aus diesem Grund konnte ich Tromsö wiederum nicht kennen lernen. Hinzu kam, dass die Gäste ziemlich verärgert waren, weil sie den Sinn dieser ganzen Aktion nicht verstanden. Wir, der Fahrer und ich, auch nicht.

Von Skibotn aus sollten die Lofoten angefahren werden. Ich freute mich sehr darüber, dass ich eine der ersten war, der diese Aufgabe übertragen wurde.

Als der Aufenthalt auf den LOFOTEN erstmals vom hier nicht genannten Reiseveranstalter geplant war, gab es noch keine Fahrt mit der Hurtigrute, sondern eine einfache Fährüberfahrt über den Hadselfjord. Geschlafen wurde in Sortland.
Ich nahm also an, dass ich schon auf den Lofoten sei. Niemand hatte mich vor Abfahrt darauf aufmerksam gemacht, dass der Ort nicht zu den Lofoten gehört. Erst unterwegs, als ich „d e n Tag" auf den Lofoten zeitlich genauer planen wollte, wurde mir das Problem deutlich. Eine Panne in meinem Kopf! Ich glaube, die Gäste waren von der sie umgebenden Landschaft so beeindruckt, dass es ihnen nicht aufgefallen war.

Der eigentliche Ausflug begann also erst, wie gesagt, mit einer Fährüberfahrt nach Fiskeböl, auf eine der größten Lofoten Inseln, Austvagoy. Da die Fährfahrten zeitlich fest geplant und vorbestellt waren, blieben uns für den so genannten „Tagesausflug" noch vier Stunden.
Meine Kenntnisse über die Inselgruppe beschränkten sich nur auf die bei uns erhältliche Reiseliteratur.
Ich entschied mich, wie dort vorgeschlagen, für einen Aufenthalt in SVOLVAER. Erst 1996 wurde der Gemeinde der Status einer Stadt verliehen. Aber, wenn ich ehrlich bin, gefiel mir zwar der Hafen, aber der Reiz, der von den Inseln ausgehen sollte, hat sich mir damals nicht erschlossen.

Der nächste Halt, ein Fischerdorf am Ende einer schmalen Landzunge, HENNIGSVAER, verdeutlichte den Charme der Lofoten schon wesentlich mehr. Nicht einmal 500 Einwohner hat das kleine Fischerdorf. Hier sehe ich auch die ersten Rorbuer, Häuschen, die vor Jahren Unterkünfte für auswärtige Fischer waren. Sie bestanden aus zwei kleinen Räumen, ein Vorrats- und Geräteraum und einer zum Wohnen und Schlafen. Teilweise stehen sie auf Pfählen im Wasser. Sie werden immer häufiger an Touristen vermietet.

„Venedig der Lofoten" wird der Ort genannt, der besonders im Hafen einen wunderschönen Blick auf das Meer und die Felsenkette erlaubt.

Hier habe ich auch eines der eindrucksvollsten „Mohnblumen-Fotos" geschossen. „Mohnblumen" sind mein Hobby, ich sammle sie in allen Arten, als Gemälde, eigene Fotos und Fotos von Freunden, gestickte Bilder und Mohnblumen aus Spitze.
Mehr als 20 Bilder hängen an der Wand meines Wohnzimmers.

Nach einem Bummel durch den Ort hatte ich noch eine Stunde Zeit, bevor wir wieder zurück zur Fähre mussten. Ich war verantwortlich für den Ausflug, sollte die Zeit mit besonderen Eindrücken ausfüllen, aber auch pünktlich die Fähre erreichen. Aber weder der Fahrer noch ich kannten sich aus. Wir waren doch wirklich noch nie auf den Lofoten gewesen und sollten nun Entscheidungen treffen.
Wohin könnte ich noch? Der Ausweg war eine Runde mit dem Bus am Ufer der sich südlich anschließenden und vor allem kleinen Insel Gimsoy.

Wer fährt um Gims?
Ich glaube, wir waren bisher der erste und einzige Bus.
Ich jedenfalls war nie wieder auf Gims. Aber wir erreichten die Fähre.

Im darauf folgenden Jahr wohnten wir wirklich auf den Lofoten, und erst jetzt konnte ich die Schönheit der 150 Kilometer langen Inselkette selbst kennen lernen: Berge und spitze Gipfel, die mehr als 1.000 Meter aus dem Meer ragen, bizarre Felsenküsten, ganz kleine Badestände in geschützten Buchten mit herrlichem Sand, scheinbar unberührte Natur. Bei einer Fahrt entlang der Südküste sehen wir malerische, kleine Ortschaften und große Ziegenherden, die hoch an den Hängen der Berge kraxeln oder auch einfach vor unserem Bus stehen bleiben, nicht gewillt sind, uns weiter fahren zu lassen. Natur pur ist es, was den Aufenthalt so unwiederbringlich macht.

Einmal fuhren wir mit der „Narvik", einem der ältesten Schiffe der Hurtigrute von Stokmarknes nach Svolvaer. Auf dem Panorama-Deck fand sich noch ein einzelner Platz. Meine Tischnachbarin erzählte, dass am Vortag keine Schiffe zu den Lofoten und keine Busse zum Kap gefahren wären. Sturm und Regen begleiten auch die Fahrt heute. Auf das Glasdach des Panoramadecks trommelt der Regen immer noch, als das Schiff durch die nur 100 Meter breite Öffnung des Svartsund in den TROLL-FJORD einfährt.

Hohe Felswände und Wasserfälle zu beiden Seiten begleiten unsere Fahrt. Gerade in dem Augenblick, als das Schiff am Ende des Trollfjords ankommt und zu drehen beginnt, bricht die Sonne hervor, und es bildet sich ein beeindruckender Regenbogen, einem Torbogen gleich, über dem Fjord. Ein zweiter Bogen umschließt im Halbkreis ein einzelnes Haus am Wasser. Staunend verfolgen wir das faszinierende Ereignis.

In diesem Moment werden wir auf ein Tour Boot auf der rechten Seite aufmerksam. Eine dunkle Rauchfahne steigt auf. Werden wir Zeugen eines Unglücks? Fast im gleichen Augenblick erfolgt die Durchsage, dass es eine Havarie auf dem kleinen Schiff gab, dass aber kein Anlass zur Beunruhigung sei. Zur Sicherheit stoppte jedoch der Kapitän unser Schiff, und wir sahen die Passagiere mit ihren roten Rettungswesten an Bord. Es dauerte jedoch nur wenige Minuten, bis ein weiteres norwegisches Schiff zu Hilfe kam.

Nach einer weiteren Stunde Fahrt führt der Wasserweg immer noch zwischen unbewohnten Felseninseln. Kein Baum, nur Büsche und Moose wachsen auf diesen Eilanden.

Langsam nähern wir uns Svolvaer, der „Lofoten-Hauptstadt".

Ob das vorgesehene Hotel in Svolvaer ausgebucht ist oder ob der Veranstalter eine preisgünstigere Variante gesucht hat, das vermag ich nicht zu sagen. Jedenfalls fahren wir nach unserer Ankunft gegen 18.00 Uhr in südlicher Richtung weiter nach MORTSUND.

Quartier beziehen wir im „Statles Rorbusenter". Naturnäher und romantischer ist es hier auf alle Fälle. Ich bewohne ein Häuschen für mich ganz allein. Gebaut ist es aus Holzstämmen, direkt über dem Wasser, vielleicht in drei Meter Höhe. Schaue ich aus dem Fenster des Wohnzimmers, kann ich in der Ferne den Ort Ballstad sehen, wie alle Fischerdörfer zwischen felsigen Bergen und Wasser gelegen. Unmittelbar vor mir ragen glatte vom Meer umspülte Felsen entlang der Küstenlinie hervor.

Ich habe gelesen, dass diese Gesteinsarten vor drei Milliarden Jahren entstanden und zu den ältesten der Erde gehören. Für mich haben sie nichts erkennbar Besonderes.

Seemöwen haben auf dem Tang Platz genommen, der immer wieder mit der Flut herangespült wird. Der frische Tang hat einen wunderschönen bronzefarbenen Ton, eine meiner Lieblingsfarben. Wenn er abtrocknet, wird die Farbe dunkler, verliert ihren Reiz auf mich.

Schaue ich aus dem anderen Fenster ist es das gleiche Bild, nur in einer anderen Richtung. Tief hängende Wolken umhüllen die Gipfel, die teilweise noch mit Schnee bedeckt sind. Es ist jetzt Mitte Juli, und wir haben nur 10° C Temperatur.

Etwa 25.000 Menschen leben auf der Inselkette. Ihr Reichtum ergibt sich aus dem getrockneten Kabeljau, dem Stockfisch.

Er wird hauptsächlich nach Italien geliefert und ist dort der beliebteste Fisch. Für die Fischer ist er der am besten bezahlte Fisch. Aber auch die Zungen werden vermarktet, sie gehen nach Frankreich, und letztendlich werden die Köpfe nach Nigeria verkauft. Wir haben den Fisch, wenn wir im zeitigen Sommer kamen, überall auf den Gerüsten hängen sehen.
In kleinen Tütchen kann man „Geschmacksproben" erwerben. Meine Tüte reichte für alle Gäste!

Aus einem Info-Guide habe ich abgeschrieben:

„Die Lofoten, das sind Berge und spitze Gipfel, offenes Meer und geschützte Buchten, Strände und große, unberührte Landgebiete."
„Nirgendwo sonst liegen bizarre Felsküsten und herrlich leere Strände direkt nebeneinander."
Genauso empfanden wir die „Lofoten-Schönheit".

Die Rückfahrt zum Festland erfolgte in der Regel mit der Fähre über den Westfjord zur Insel HAMAROY, die mit dem Festland verbunden ist.
Gewöhnlich gab es dabei keine Komplikationen, aber einmal standen wir mit dem Bus, pünktlich wie vorgesehen, auf dem Terminal. Die zwischen Festland und Insel pendelnde Fähre kam, wurde entladen, meine Gäste gingen zu Fuß an Bord und winkten mir und dem Fahrer von dort zu. Es wurde Zeit, dass auch der Bus auf die Fähre rollte, aber der Motor sprang einfach nicht an. Hektisch rannte ich zum Schiff, sprach mit dem Lademeister, der mit dem Kapitän. Der Bus stand immer noch. Schließlich wurde entschieden, dass die Fähre nicht länger halten dürfe, weil sie einen Fahrplan einzuhalten habe.
Voller Sorgen schauten wir auf unseren Bus, von dem wir uns nun entfernten. Tun konnte ich überhaupt nichts. Zwei Stunden dauert die Überfahrt über den Westfjord.
Den Fjord zu queren ist nicht vergleichbar mit einem Binnensee, hier ist ziemlich starker Wellengang. Trotz bestem Blick, der der langsam kleiner werdenden Bergkette galt, waren wir meist froh, wieder festen Boden betreten zu können.
Erst hier konnte ich wieder Kontakt zum Fahrer aufnehmen. Seine Information, dass die Elektronik wieder arbeiten würde, erfreute uns alle ungemein.

Mit zwei Stunden Verspätung erfolgte die Weiterfahrt, und danach mussten 450 Tageskilometer bewältigt werden.

Unsere Weiterfahrt begann auf der Halbinsel HAMAROY. Während der Fahrt über die Insel stieß ich auf den Namen Knut Hamsun, dessen Heimat hier war. Angeregt durch die mehrfache Nennung seines Namens las ich später zu Hause sein wohl bedeutendstes und in der Gegenwart auch sein umstrittenstes Werk, für das er aber den Literaturnobelpreis (1920) erhielt. „Segen der Erde" (1917) wurde aufgrund seiner Naturbeschreibungen gefeiert, Hamsuns Verhalten während der Besetzung durch Hitlerdeutschland während des zweiten Weltkrieges jedoch kritisch beurteilt. Ich sehe aber auf der Insel seinen Namen verbunden mit einer Schule, einer Straße, einem Museum. „Bis heute scheiden sich an ihm die Geister", ist auch in unserer Tageszeitung zu lesen (SZ vom 04.08.2009).

Wie überall in Norwegen ist die Landschaft von Wäldern, Fjorden und Wasserfällen gekennzeichnet.
Wir haben aber auch beim Vorbeifahren die großen Krananlagen von FAUSKE gesehen, wo u.a. auch der rote Marmor abgebaut wird, der den schönen Namen „Norwegische Rose" trägt.

Mir ist die Ursache für die einmalige Übernachtung in Sulitjelma entfallen. Der Ort liegt ca. 40 Kilometer östlich von der Stadt Fauske, nahe der schwedischen Grenze. Früher gab es eine Eisenbahn, mit der die Erze von Sulitjelma nach Fauske gebracht wurden, um dort verschifft zu werden. Seitdem jedoch die Erzadern nicht mehr rentabel waren, hatte man die Schienen abgebaut. Nun führte eine gut ausgebaute Straße durch eine traumhafte Berglandschaft.

Um den Gästen einen Ausgleich für die Erschwernis zu bieten, wurde eine Einfahrt in das alte Silberbergwerk vorgeschlagen. Die dazu notwendige Kleidung wurde bereitgestellt: Anzug, Gummistiefel und Helm. Mit Wagen, die Käfigen auf Schienen glichen, fuhren wir in den Berg. Jeder Teilnehmer erhielt ein kleines Hämmerchen und konnte nun selbst Erz fördern, soviel er wollte. Ich konnte nicht. Erst vorsichtig, dann immer kräftiger schlagend, versuchte ich, dem Berg seinen Schatz zu entlocken. Nein, nichts, außer ein paar Splitterchen.

Das quietschende Ungetüm brachte uns später wieder ans Tageslicht. Ich war also „Bergfrau auf Zeit" gewesen.

Ich liebe solche Veränderungen des normalen Reiseverlaufs, denn nur so kann ich meine Reiseeindrücke erweitern.

Vor Jahren erfüllte sich ein alter Herr einen ganz besonderen Wunsch. Im letzten Kriegsjahr war er als Soldat der Wehrmacht in einer Kompanie auf Fahrrädern unterwegs gewesen, bis nach Alta war er gekommen, wie er sagte, auf holländischen Fahrrädern. Nun fuhr er erstmals wieder nach Norwegen, saß auf der ersten Reihe im Bus mit einer großen Landkarte und versuchte, sich Landschaft und Ereignisse wieder ins Gedächtnis zu rufen. Die Reiseleiterin, also ich, die vor ihm saß, wurde genauestens informiert. Entsprechend seiner Erfahrungen von damals hatte er auch seine Kleidung für die Reise gewählt. Gut gelaunt erzählte er uns von angerauten, langen Unterhosen und dicken Socken in seinem

Koffer. Mehrere Abende lief ich mit ihm in den jeweiligen Orten umher, er erzählte mir von Unterkünften, Lazaretten, gefallenen und verwundeten Kameraden... Es war nicht immer leicht für mich.

Herrn X. traf ich ein Jahr darauf wieder in Kiel, erneut reiste er nach Norden auf den Spuren seiner Vergangenheit, aber, wie er mir versicherte, mit weniger Gepäck.

In südlicher Richtung unterwegs wurde am Nachmittag des folgenden Reisetages erneut der Polarkreis überquert. Wir waren entlang des Saltelv gefahren, rechts und links von uns „wuchsen" Felsengebirge, nackt, schwarz glänzend, eben eine Fjelllandschaft. Wir fuhren möglicherweise auf einer Höhe von etwas mehr als 100 Metern ü.M., die Fjelle erreichten Höhen von 1.500-1.700 Meter. Der höchste Punkt der Straße über die Hochebene ist mit einer Tafel gekennzeichnet (707m).

Der POLARKREIS ist in der baumlosen Landschaft sehr gut zu erkennen. In bestimmten Abständen stehen Steinsäulen mit einer Weltkugel darauf, die ebenso aussieht, wie die auf Mageroy.

Die ganze Anlage ist jedoch „bescheidener": ein einziges Gebäude, das Dach hat die Form eines Pilzes, davor steht ein großer roter Stein aus Fausker Marmor, daneben ein Denkmal für die jugoslawischen Kriegsgefangenen, die diese Straße bauen mussten, und hinter dem Haus gibt es eine Freifläche, wo Touristen nach Herzenslust ihre eigenen Trolle bauen können.

Fjelle zu beiden Seiten der Straße zogen unsere Blicke magisch an. Kein Baum, kein Strauch, kein Auto. Mitunter kam uns ein anderer Reisebus entgegen. Wir fuhren eigentlich auf der wichtigsten Straße, die den Norden mit dem Süden verbindet, aber wir schienen in der Weite des Landes fast allein zu sein. Wir sehen, wie Schneetunnel die Gleise der Eisenbahn schützen müssen, aber wir begegnen auch keinem Zug.

Das unbeschreiblichste Gefühl empfand ich, als angezeigt wurde, wo sich der Svartisen befindet. Man sagt, dass seine Ausmaße so groß sind, dass das gesamte Gletschergebiet der Berner Alpen hinein passe, d.h. es ist etwa eine Fläche von nicht ganz 500 Quadratkilometern. Natürlich glaubte ich in meiner Euphorie, dass ich die Ausläufer des Gletschers sehen könnte. Später zweifelte ich daran.

Ich ahnte aber damals auch noch nicht, dass sich Jahre später mein Traum erfüllen würde und ich wenigstens am Rand des Gletschers entlang gehen durfte.

Verschiedene Hinweise deuteten darauf hin, dass wir uns einer Industriestadt nähern. Zuerst waren es nur die Namen von Eisenerzgruben, dann fuhren wir an den langen Transportbändern für die Erze entlang und zuletzt sahen wir die immens großen (damals waren es die größten der Welt!) elektrischen Schmelzöfen in der Stadt MO I RANA.

Dann endlich haben wir unser Tagesziel erreicht. Die Stadt MOSJOEN ist fast eine idyllische Stadt an der Mündung eines Flusses in einen Fjord. Es gibt eine kleine Einkaufsstraße und ein paar Querstraßen. Das war es schon.

Trotzdem ließen uns die Jugendlichen der Stadt nicht zum Schlafen kommen. Ihr Freizeit-Highlight ist das stundenlange abendliche Herumkurven mit ihren alten amerikanischen Autos. Sie trafen sich auf dem freien Platz vor dem Hotel, sie waren nicht laut, nur ihre Autos.

Am nächsten Morgen, wir waren erst ganz kurze Zeit gefahren, bat ich den Fahrer, anzuhalten. Einer der vielen Wasserfälle befand sich gleich neben der Straße, der LAKSFOSS.

An ihn erinnere ich mich besonders, weil er nach meiner Meinung genau in diese Landschaft gehört und weil der Besitzer des dazu gehörenden Kiosks die Busse gar nicht so gerne sieht.

Schon von weitem sieht man, aus den Bergen kommend, den Fluss Vefsen in einem schmalen Tal. Kurze Zeit später hört man das Rauschen des 16 Meter hohen Wasserfalls noch bevor er zu sehen ist. Für Touristen ist es hier möglich, zum Fuß des Wasserfalls hinunter zu steigen, um die Lachstreppe zu sehen, mit der der Wasserfall umgangen wird. Gischt sprüht uns schon entgegen, als wir uns oben über die Brüstung lehnen und noch viel stärker, als die Kletterpartie nach unten begann.

Neben dem Parkplatz ist ein kleines Restaurant mit einem dazu gehörenden Souvenirstand. Und das Restaurant hat natürlich eine Toilette. Weil immer wieder Busse anhalten, um den Wasserfall zu sehen, aber nicht das Restaurant besuchen, hat der Inhaber an der Eingangstür ein Schild anbringen lassen. „Busfahrer bezahlen für die Toilettenbenutzung pro Bus…Kronen." Ich musste also ein Toilettenverbot aussprechen, das für unsere Gäste nicht so problematisch war, weil wir erst kurze Zeit unterwegs waren.

Aber ich, die Reiseleiterin, werde ja in solchen Fällen von den jeweiligen Betreibern „angegangen" und bin dann innerlich „geknickt", weil ich am touristischen Dilemma nichts ändern kann.

Nach zweieinhalb Stunden Fahrt, nun wieder durch bewaldetes und dichter bewohntes Land halten wir an meinem „Lieblings-Wasserfall", den ich nur selten anfahren kann. Der FORMOFOSS galt lange Zeit als „Geheimtipp", weil er touristisch noch nicht erschlossen war. Allerdings waren die Busfahrer gerade aus diesem Grund von dem Abstecher nicht sonderlich begeistert, und nicht jeder ließ sich dennoch überreden.
An einer kleinen Straßenkreuzung fährt man über eine Brücke, unter der die Sanddöla fließt. Ganz schmal ist hier der Fluss, eingezwängt in eine Felsenschlucht, und stürzt dann 107 Meter hinab. Als ich das letzte Mal dort war, musste der Fahrer wirklich eine Schlammpiste befahren, dafür aber wurden wir gleich mit zwei Regenbögen über dem Wasserfall versöhnt, ein wirklich malerischer Anblick. Und was mitunter auch ganz wichtig ist, unsere Reisegesellschaft war allein hier.

Die folgende Strecke war nicht „spannend", Städte und Fjorde wechselten sich ab oder gehörten einfach zusammen.

Am Nachmittag erreichten wir den Trondheim Fjord und danach auch die Stadt selbst.
TRONDHEIM ist nach Oslo und Bergen die drittgrößte Stadt. Von hier aus begann im 9.Jahrhundert die Reichseinigung. Die Stadt wurde die erste Hauptstadt und d a s religiöse Zentrum.

Der Königsweg norwegischer Herrscher führte in allen Zeiten zum Dom von Trondheim. Unter dem Dom liegen die Gebeine Olavs des Heiligen. Leider fiel auch der Dom einem Brand zum Opfer. Bald 150 Jahre schon wird der Dom wieder aufgebaut. Pilger und Touristen aus allen Himmelsrichtungen kommen nach Trondheim. Bis heute ist der Dom einer der wichtigsten Wallfahrtsorte Europas. Erkennbar war, dass asiatische Mönche, Franziskaner und Nonnen in großer Zahl hier waren.

Auf der Karte hat die Stadt die Form eines Halbkreises, der durch den Fluss (Nidelv) begrenzt wird. Die schmale Landzunge zum Fjord ist dann sozusagen der "Deckel", der diesen Halbkreis bedeckt.
Ich werde Trondheim in Erinnerung behalten als eine Stadt, zwischen Nidelv und Fjord gelegen, mit Marktplatz, Hafen, schönen alten Handels- und Lagerhäusern aus Holz, die alle eine neue Bestimmung haben. Sie erinnern mich an die Brygge-Häuser in Bergen. Nur sind diese Häuser am Nidelv breiter, und der Giebel ist nicht so spitz. Aber die bunten Farben sind ähnlich beeindruckend.
Ein mittelalterliches Trondheim existiert nicht mehr, die Stadt mit ihren Holzhäuschen und schmalen Gassen fiel 1648 einem Großbrand zum Opfer, dafür wurden breite Straßen und eine Vielzahl von Plätzen gebaut, die Bürgerhäuser oftmals im Barockstil. Zwei Holzhäuser gibt es noch, es sind die größten Norwegens. An dem einen, Stiftsgarden, kommen wir auf dem Weg zum Dom immer vorbei. In ihm solle, so wurde erzählt, der norwegische König übernachten, wenn er Trondheim besucht.

Einmal, am Abend, stieg ich hinauf nach Kristiansten, eine kleine Festung aus dem 17.Jahrhundert, die ich vom Fenster meines Hotels Abend für Abend betrachtete. Weiß leuchtete sie von einem Stadtberg. Die alten Kanonen waren zwar auf einen möglichen Feind gerichtet, aber niemals im Einsatz. Ich hatte nur Bange, dass während meines abendlichen Alleinganges die "Festungstore" geschlossen würden, dann säße ich fest, dann wäre mir auch die Aussicht auf die Stadt und den Fjord verdorben. Ich hatte aber Glück.

Am nächsten Tag erlebe ich eine landschaftlich beeindruckende Fahrt hinauf auf die DOVRE-Hochebene.

Die Fjelle, die wir passieren, sind sehr unterschiedlich. Hier oben, auf 600-1.000 Meter Höhe haben wir eine leicht gewellte Landschaft mit Seen, einzelnen Büschen, morastigen Flächen und verschieden farbigen Gräsern,

Moosen und Flechten. Rot leuchtendes Heidelbeerkraut im Kontrast zu grauen und weißen Rentierflechten! Die dünnen Stämmchen der Birken und die Farbe Grün in den unterschiedlichsten Zusammensetzungen werden von uns kommentiert. Die verschiedensten Farbnuancen leuchten in der Sommersonne. Eine solche Farbenvielfalt gibt es auf den anderen Fjellen nicht. Sie sind anders schön.

Wir folgen dem alten „Königsweg", den die norwegischen Könige wählten, wenn sie zur Krönung nach Trondheim zogen. Dabei musste man damals wie heute eine Passhöhe von 1.026 Metern überwinden.
Der höchste Berg des Dovre-Fjells ist die SNOEHETTA (2.285 m). Sie ist immer schneebedeckt.

Ab und an muss der Reiseleiter auch experimentieren, um für die Gäste schöne und ungeahnte Ausblicke zu finden. Deshalb hatte ich geplant, etwas näher an den Fuß dieses beeindruckenden Berges heran zu fahren. Auf der Karte war eine Straße eingezeichnet, die Ausschilderung war schnell gefunden. Hinter der Abzweigung waren noch wenige einzeln stehende Häuser zu sehen, sonst weit und breit nichts. Frohgemut und abenteuerlustig bogen wir von der Hauptstrecke ab, passierten die Häuser und staunten erschrocken, als auf einmal Gebirgsjäger neben und hinter uns waren. Nichts hatte darauf hingedeutet, dass wir in einen militärischen Bereich vorgedrungen waren. Nicht gerade sehr freundlich, wenn wir Mimik und Gestik richtig deuteten, wurden wir zur Umkehr gezwungen. Ich habe kein zweites Mal versucht, der Snöhetta näher zu kommen.

Innerhalb des Naturschutzgebietes gibt es ein extra Reservat für Vögel, dort ist es besonders morastig. Wollgras wächst in großer Menge, und an den Ufern der kleinen Seen entdecken wir sogar zwei einsame Boote, rot gestrichen. Am liebsten würde ich anhalten lassen, um dieses Bild zu fotografieren.

Von hier dauert es eine Viertelstunde, um in den tiefer gelegenen Ort DOMBAS zu kommen. Der kleine Verwaltungs- und Einkaufsort liegt an der Kreuzung zweier Straßen.

Als ich noch nicht so sicher in der zeitlichen Planung der Tagesabschnitte war und nicht auf dem Fjell hielt, weil in meinen Reiseunterlagen Dombas als Ort für eine Pause vorgeschlagen worden war, „zwang" eine Reisegruppe den Fahrer und mich, noch einmal hinauf zu fahren, damit die Reisenden die Vielfalt der Pflanzenwelt in Ruhe betrachten konnten. Seither bitte ich den Fahrer, auf dem Fjell kurze Zeit anzuhalten.

Erstaunlicherweise gehen die Gäste jedoch länger in den Souvenirladen statt ein paar Schritte in die Natur. Aber das soll mir ja egal sein, sie hatten die Möglichkeit, die Schönheit der Landschaft ausgiebig zu bewundern.

Mittlerweile haben die meisten von uns schon aufgehört, nach Elchen zu schauen. Vielleicht können wir ja hier auf dem Dovrefjell Moschus sehen. Noch kein einziges Tier habe ich erblicket! Voriges Jahr behauptete ein Gast, dass sich die großen „Zotteltiere" gerade den Hang hinauf bewegt hätten. Sofort wendete der Fahrer den Bus, aber ohne sichtbaren Erfolg für uns „Moschusgucker".

Mehr als zehn Elche habe ich in zehn Jahren nicht gesehen, also pro Jahr einen Elch!
Meine Kollegen wissen, dass ich gern mehr solch riesiger Pflanzenfresser entdecken möchte, deshalb machen sie sich einen Spaß daraus, mir per SMS mitzuteilen, wie oft sie fündig wurden. Ob es der Wahrheit entspricht, kann ich ja nicht nachprüfen.

Fasziniert schaue ich auf den GUDBRANDSDALEN, einen der längsten Flüsse des Landes. Kurz hinter Dombas treffen wir auf ihn und fahren sozusagen immer in seiner Nähe, unmittelbar an seinem Ufer. Am Anfang sprudelt er wie ein Gebirgsbach, dann fließt er durch schmale, tiefe Felsschluchten, später wird er breit, gemächlich, einem lang gestreckten See vergleichbar. Kein Boot stört seine Ruhe. Das dunkelgrüne Wasser stürzt am Ende seiner Reise in den Mjösa-See. Dieser See ist landschaftlich beeindruckend, vielleicht auch, weil ich kein so großes Wasser erwartet hatte. Der Mjösa ist in der Größe vergleichbar mit dem Gardasee, aber auf ihm fahren keinerlei Schiffe. Den berühmten, alten Raddampfer (seit 1856), der noch im Liniendienst den See befährt, sahen wir auch nicht.

Am See entlang fahren wir zu unserer letzten Übernachtung auf dem Festland.

LILLEHAMMER ist der Ort, in dem 1994 die Olympischen Winterspiele stattgefunden haben.
Schon von weitem sahen wir die Schanzenanlage, die ja bekanntlich aus einer Normalschanze und einer Großschanze besteht. Immer führte uns der erste Weg ins Skistadion. Mit dem Sessellift fuhren wir hinauf zum

Sprungturm, beobachteten die Springer beim sommerlichen Training auf den Schanzen. Erstmals sah ich, wie eine Landung auf Kunststoffmatten funktionierte.
Begeistert hat uns auch der besondere Blick auf das vor uns liegende Tal mit dem Mjösa.

Lillehammer ist ein verschlafenes Städtchen, auch nach dem großen Sportereignis, aber eben in exponierter Lage. Im Fernsehen hatte ich während der Spiele die beheizte Hauptstraße des Ortes gesehen. Jetzt konnte ich die Storgata selbst bewundern, eine sehr kleine Straße mit ca. zwanzig Häusern auf jeder Straßenseite. In den Sportberichten hatte das alles viel, viel größer ausgesehen.
In einer Zeitschrift war vor den Spielen zu lesen: „Bislang besaß das 23.000 Einwohner-Städtchen nur vier Tankstellen, ein Missionshaus, eine Käsehobel Fabrik und zwei Pensionen. Nach den Spielen wird es um eine Eissporthalle, ein Olympiadorf, ein paar neue Straßen, eine beheizte Fußgängerzone, einen aufwendigen Museumsanbau und ein Dutzend Hotels reicher sein."(Merian, 1994)

Die meisten Nordkap-Touren führen von der letzten Zwischenübernachtung im Raum Lillehammer direkt nach Oslo und dann weiter nach Haus.

Der Reiseveranstalter bietet jedoch auch eine FJORD-REISE an, in deren Verlauf der Bus von Süden kommend über Lillehammer nach Trondheim fährt, also in umgekehrter Richtung als der bisher geschilderten.

In meinem ersten Reisebuch („Auf den Straßen nach Süden") beschreibe ich ein besonders einprägsames Erlebnis:

Im Rahmen einer norwegischen Verkehrskontrolle kurz nach Lillehammer musste der Fahrer den Bus auf eine dort installierte Waage fahren. Und, wie ich weiter schrieb, wurden wir mit dem Bus als zu schwer empfunden. Aber auch ohne Gäste, ohne Gepäck, ohne Catering und ohne Brauchwasser war der Bus zu schwer. Fast drei Stunden dauerte die „Wiege-Prozedur" und die sich anschließende Diskussion. So durften wir nicht weiterfahren. Die Koffer und ein Teil des Caterings wurden deshalb per Kleinbus weiter befördert; wir mussten Strafe zahlen. Aber das Schlimmste war, wir wurden vom norwegischen Fernsehen gefilmt und als Beispiel für überladene Busse im Skandinavien-Reiseverkehr dargestellt.

Als wir damals am darauf folgenden Tag mit der Fähre unterwegs waren, wurde der Beitrag erstmals ausgestrahlt.

Bei dieser Route steigen die Gäste am 4.Reisetag auf ein Postschiff und verbleiben auf diesem ca. sechs Stunden. Auf dem Schiff können sich alle Gäste frei bewegen, bei schönem Wetter an Deck, bei Regen in den Salons, jeder wie er gern möchte. Es bleibt Zeit, sich auszuruhen, während das Schiff zuerst durch den Trondheimfjord, und dann weiter in Sichtweite der Küstenlinie fährt, Richtung Kristiansund.

KRISTIANSUND ist das Zentrum der Klippfischerei, deshalb steht auch die Statue einer Frau, die Fische verkauft, als Symbol im Hafen. Beeindruckend waren der

nächtliche Sonnenschein und der Blick aus dem Hotel-
fenster auf die aus- und einfahrenden Schiffe, deren Spur
direkt an unserem Hotel vorbei führte, weiter durch eine
Spannbogenbrücke und schließlich verschwanden sie im
Atlantik. Auf der anderen Seite des Wasserweges, auf
und zwischen Felsen, sah ich Teile der Stadt im Sonnen-
gold. Irgendwann nach Mitternacht verließ ich meinen
Beobachtungsposten am Fenster meines Hotelzimmers.

Am darauf folgenden Morgen setzten wir mit einem
Fährschiff zur Insel Averöy über.
Der erste Reisehöhepunkt an diesem Tag ist das Befahren der ATLANTIKSTRASSE. Sie verbindet die vielen
kleinen Inselchen an der Küste und ist seit Sommer 1989
eine touristische Attraktion. Mehr als acht Kilometer
bester Straße, gewölbter Brücken, die im Zenit scheinbar
enden und dann steil nach unten führen. Natürlich hielt
der Fahrer hier. Kleine Stege, Trampelpfade, führen auf
die aus dem Atlantik ragenden, felsigen Hügel. Die beste
Sicht auf Meer, Brücken, Bus und Angehörige wird mit
den Objektiven gesucht.
Da geht man schon mal rückwärts und vom Weg ab.
Eine Dame trat mit dem Fuß in ein Schlamm- oder
Moorloch und versank bis zum Oberschenkel. Glücklicherweise konnte mit dem Bein auch der Schuh heraus-
gezogen werden. Da der Bus in der Nähe stand, war das
Umkleiden nicht allzu umständlich. Seitdem bitte ich die
Reisenden hier dringlichst, nicht „vom Wege abzukom-
men".
Schade, auch die Atlantikstraße hat ein Ende.

Wir fahren weiter nach MOLDE, die „Rosenstadt".
Molde liegt nördlich des 62.Breitengrades, also auf der

Höhe von Zentralalaska; durch den Golfstrom ist das Klima jedoch ganz anders. Als wir auf dem Marktplatz parken, blühen hauptsächlich die Maulbeerbäume, aber auch wilde Heckenrosen und Rosenpflanzungen sieht man überall. Rosenstöcke blühen sogar auf dem Dach des Rathauses. Die Stadt macht einen besonders sauberen und gepflegten Eindruck.

Wir aber suchen etwas Besonderes. Dieses Extra ist die Auffahrt zum VARDEN, den Hausberg. Von oben kann man das so genannte „Molde-Panorama" sehen, den Blick auf 222 Bergspitzen.

Auch die Sonderbusse von den Hurtigruten fahren auf den ca. 400 m hohen Aussichtspunkt. Obwohl wir schon mehrfach nach oben fuhren, war mir ein Ausblick auf so viele Gipfel noch nie vergönnt. Am späten Vormittag ist es hier meist diesig. Aber heute, heute schien die Sonne, und es war die perfekte Sicht.

Dieser scheinbar einmaligen Einladung wollten wir vor Jahren schon einmal folgen. Damals passierte es:
Wir fuhren auf der schmalen Betonstraße nach oben, die Busse der Hurtigrute waren schon wieder auf der Rückfahrt. Um ihnen das Vorbeifahren zu erleichtern, fuhr der Fahrer ganz scharf an den Straßenrand...Und dann passierte es: der Bus brach ganz sachte, ganz allmählich, in den morastigen Boden ein. Er neigte sich immer deutlicher Richtung Straßengraben. Es war absolute Stille im Bus. Schräg und fest stand der Bus im Matsch. Der Fahrer erkannte sofort, dass er aus eigener Kraft nicht heraus kam und tat das einzig Richtige. Mit dem letzten Bus von oben fuhr er ins Tal, um einen Kran zu chartern. Mir

blieben die Gäste. Langsam und einer nach dem anderen, damit das Fahrzeug nicht weiter einsank, ließ ich alle aussteigen. Immer nur einer. Dann servierte ich kostenlos ein Getränk, um den Schreck zu verdauen. Die Gäste bat ich, zur etwa einen Kilometer entfernten „Varde Stua", einem Restaurant, zu laufen und dort auf uns zu warten. Ich selbst musste beim Bus bleiben. Aber nur etwa die Hälfte der Reisenden spazierte nach oben, alle anderen wollten erleben, wie es mit dem Bus weiter ging. Nach nur etwa einer Stunde kam ein Kran und hob und zog den Bus rückwärts aus dem Loch. Während dieser Aktion hatte sogar ich Angst, dass der Bus womöglich bei der Bergung weiter absacken und gar kippen könnte. Aber, Männer und Kran haben es unter Aufsicht der Gäste geschafft, den Bus auf festen Boden zu bringen. Mit nicht einmal zwei Stunden Verspätung erreichten wir den Berggipfel.

Und ich kam wieder nicht dazu, die genaue Zahl der Gipfel zu überprüfen.

Dieser Reisetag hat es in sich; er ist zeitlich lang, hat aber gleichzeitig auch mehrere Höhepunkte. Wir sollten nach dem Aufenthalt in Molde entlang einer Reihe von Fjorden über Eidsvag nach Andalsnes fahren und dann die berühmten Trollstige.

Gewöhnlich ist man zur Kaffeezeit am Fuße des TROLLSTIGS.

Da ich unter Höhenangst leide, waren die ersten Fahrten diesbezüglich beängstigend. Elf Serpentinen sind in die schroffe, steil abfallende Felswand geschlagen worden. 1936 wurde die „berühmteste Bergstraße des Landes" eröffnet. Die Straße ist so schmal, dass nur an bestimmten Stellen zwei größere Autos oder Busse aneinander vorbei können. Solange der Bus fährt, also die 600 Höhenmeter Differenz ohne Rangieren hinauf klimmt, ist alles klar, aber wenn der Fahrer ganz an die rechte Begrenzung muss und ich, vorn sitzend, scheinbar schon über dem Abhang bin, dann… habe ich nasse Hände vor Aufregung. Manche Gäste setzen sich in die Mitte des Busses, aber wie soll das aussehen, wenn ich meinen Platz verlasse.

Hier fahren alle sehr verantwortungsvoll. Ich habe erst einen einzigen Unfall gesehen: ein LKW, der zum Ausbau der Straße notwendiges Material beförderte, war am Hang umgekippt. Wir hatten schon Stunden vorher von entgegenkommenden Fahrern gehört, dass die Straße deshalb nicht passierbar sei, aber als wir in Andalsnes ankamen, hatte man den Lastwagen zur Seite geräumt.

Auf der Hälfte der Wegstrecke muss der STIGFVOSS überquert werden.

Unmittelbar vor der Brücke ist ein kleiner Parkplatz. Wenn ich vergesse, dass zwischen mir und dem Abgrund nur eine schmale, vielleicht 30-50 cm hohe Steinmauer ist, dann kann ich hier „Norwegen" genießen: das Rauschen und die Gischt des Wasserfalls, das grüne Isterdal unter mir, schneebedeckt der fast 1.800 m hohe Trolltind über mir, Rinnsale überall an den Felswänden, die scheinbar oben und unten miteinander verbinden wie auch die gerade befahrene Straße.

Hier oben auf dem Pass (852 m) ist die Stelle, wo ich neben den Schneeresten meine ganz persönlichen Trolle mit heimlichen Wünschen am Ufer der Istra gebaut habe.

Von der Passhöhe sind es etwa noch zwei Stunden Fahrzeit nach Alesund. Der Tag war lang und die Aufmerksamkeit der Gäste lässt trotz landschaftlicher Schönheit des Storfjord und seiner Nebenarme nach. Nur wenn die Straße sich besonders kurvenreich zwischen Fjord und Felsen windet, dann gibt es uneingeschränktes Lob für den Fahrer.

Ohne Pause fahren wir unserem Hotel entgegen, vorbei an mehreren kleinen Parkplätzen mit Toilettenhäuschen. Auch in diesem Jahr fällt mir auf, dass in gebührender Entfernung neben dem WC kleine Klapptische mit frisch gepflückten Erdbeeren oder Kirschen zum Verkauf stehen. Das ist zur Erntezeit in Norwegen überall so, nicht in den Ortschaften, sondern an den kleinen WC-Parkplätzen wird verkauft.
Und da ich einmal von den Besonderheiten norwegischer Toiletten schreibe, gehört dazu, dass die braun-rot gestrichenen Häuschen meist mit Gras bedeckt sind, dass Birken und Sommerblumen auf den Dächern wachsen.

In ALESUND angekommen, erlebte ich skandinavische Traditionen wieder einmal hautnah. Wie immer beeile ich mich, einzuchecken, damit die Gäste möglichst viel Freizeit im Ort verbringen können. Der diensthabende Rezeptionist sah mich an und erwiderte sinngemäß: „Jetzt müssen Sie warten, erst werde ich die Fahne einholen." Überrascht sah ich ihn an. Er erklärte, dass auch in den Hotels bei Sonnenaufgang die Nationalflagge gehisst wird, und am Abend, bei Sonnenuntergang, wird sie eingeholt. - Sprach's und ließ mich und die Gäste warten. So etwas prägt sich ein.

Nach dem Essen habe ich nur noch einen Bummel entlang des Hafens gemacht und beeindruckt festgestellt, in welchen Dimensionen sich die Stadt auf mehreren Inseln ausbreitet.
Ich wusste, dass ich beim nächsten Besuch mich gründlich in der Stadt umsehen würde.

Am nächsten Morgen fahren wir nach Hellesylt und von dort eine reichliche Stunde mit einer Autofähre a u f einem FJORD, dem GEIRANGER.

Ringsum klickten die Fotoapparate und Handys. Ich nehme mit Sicherheit an, dass der Geiranger Fjord das bekannteste und beliebteste Fotomotiv Norwegens ist.
Wir durften unseren Bus auf der Autofähre mitnehmen, damit entfiel das Ausbooten. Spielzeugklein wirkte unser Schiff zwischen den hohen, manchmal schroffen,

manchmal glatten dunklen Gneis-Felsen. Wir befinden uns ganz oben auf dem Deck des Schiffes und doch ganz unten, wenn die Berge bis in eine Höhe von 1.000 Meter reichen.

Zwischen solcherart Felswänden schlängelt sich S-förmig die berühmteste Wasserstraße des Nordens. Wasserfälle mit originellen Namen, wie z.B. „Brautschleier" oder „Drei Schwestern", säumen ebenso den Weg wie verlassene Bauernhöfe, die nur auf dem Wasserweg erreichbar sind. Wir erfahren, dass spielende Kinder und Ziegen gleichermaßen angepflockt werden mussten, um nicht abzustürzen.

Aus dem Schornstein eines Kreuzfahrers vor uns quillt Rauch, für uns sieht es aus, als hülle Nebel das Land ein. Das ist wieder ein Grund mehr, die Kameras zu malträtieren.

Die großen Schiffe müssen am Ende des 16 Kilometer langen Fjordes ankern, und die Touristen werden dann mit kleinen Schiffen ausgebootet. Vor der Rückfahrt müssen dann die Hurtigruten und die noch größeren Kreuzfahrer drehen. Bei diesem Manöver kommen die Schiffe den steilen Felsen noch einmal ganz nah.

Durch den kleinen Ort GEIRANGER (300 Einwohner) drängen sich die Touristen, um nach kurzem Aufenthalt zurück aufs Schiff zu gehen oder wie wir, mit dem Bus den Geirangervegen zu fahren, das sind 29 Serpentinen, die von 0 auf 1.038 Meter ansteigen.

Bevor wir uns vom Fjord entfernen, hielt der Fahrer noch einmal an einem Aussichtspunkt. Wir sahen persönlich das Bild vor uns, welches wohl zu den bekanntesten Werbefotos zählt: Unter uns das türkisfarbene Wasser, die Häuser von Geiranger klein, wie im Spielzeugland auch unser Schiff. Und über allem die Berge zu beiden Seiten des Fjordes. Die Sonne schien. Wir standen inmitten einer Bilderbuchlandschaft!

Die Weiterfahrt erfolgte in südöstlicher Richtung und später entlang des Flusses Otta nach Lom und später hinauf zum Sognefjell.

Die Fahrt war absolut gefahrlos, deshalb genoss ich die Fahrt hinauf auf 1.000 Meter. An einem kleinen, mit Eis bedeckten See steht eine Hütte, einladend zur Rast.

Von hier aus ist es möglich, auf die 1.476 Meter hohe DALSNIBBA zu fahren. Von oben sieht man die Kreuzfahrtschiffe auf dem Fjord ganz klein und rings herum in allen Himmelsrichtungen Gipfel, Gipfel, Gipfel. Eine fantastische Bergkulisse.

Die Auffahrt gehört nicht zu unserem Programm, aber der Blick von der Dalsnibba hat sich herumgesprochen. Vielleicht auch der Kick der Auffahrt. Ich zögere. Ich selbst bin nicht höhentauglich, vielleicht andere Gäste auch nicht. Außerdem muss die Auffahrt privat finanziert werden. Glücklicherweise hängen die Wolken meist sehr tief, und ich kann dann aus diesem Grunde von der Auffahrt abraten. Mitunter habe ich auch keine Argumente, dann fahren wir.

Solange kein Bus entgegen kommt, genieße ich den sich ständig verändernden Panoramablick. Je höher wir fahren, desto ängstlicher schaue ich auf die unbegrenzte Schotterstraße. Das Gefühl, über dem Abgrund zu sitzen, verstärkt sich mit jeder Biegung. Auf dem Gipfel angekommen, kann ich mich nicht vom Bus weg bewegen, so sehr zittern meine Beine.

Bei mir stellte sich also kein überwältigendes Natur-Gefühl ein, ich hatte mehr mit einem zu „bewältigenden Gefühl" zu tun, wenn ich daran dachte, dass der Bus auch wieder nach unten musste.

Bei der Rückfahrt, nach Erreichen der Passhöhe, also unten am kleinen Gebirgssee, sehe ich die Umgebung wieder mit anderen Augen, genieße die Fahrt über die Schnee- und Eisfläche der Hochebene.

Besonders beeindruckt bin ich von dem Teil der Strecke, der entlang der OTTA ins Tal führt. Der Fluss hat in Jahrtausenden ein landschaftliches Kleinod geschaffen. Aus dem Gebirge kommend rauscht er mit großer Kraft zwischen Felsen ins Tal. Dort, wo das Gefälle besonders stark ist, überwindet er mit brausenden Wasserfällen die Hindernisse. Anfangs hielten wir am Pollfoss. Irgendwer stellte jedoch Verbotsschilder für Busse auf, so dass wir auf einen Stopp verzichten müssen. Dafür halten wir jetzt am Dönfoss und später noch einmal in Lom, bevor wir ins Böverdal abbiegen. Beide Wasserfälle werden touristisch vermarktet. Über Holztreppen kann man unbeschadet zu besonderen Aussichtspunkten gelangen.

In Lom wechseln wir noch einmal die Fahrtrichtung. Wir biegen ab in südwestlicher Richtung zum Sognefjell.

Ort der Übernachtung ist BÖVERDALEN.
Das Hotel wird schon seit mehreren Generationen von der Familie Elveseter geführt. Der Veranstalter verwies im Katalog auf das malerische Anwesen, dessen Wohnhäuser alt-norwegischen Wohnstätten nachempfunden wurden. Das Häuserensemble liegt auf einer Waldlichtung zwischen Fluss und ansteigendem Fjell. Im Innenhof sind die Holzhäuser ähnlich einem Bauernhof um einen runden Platz gruppiert. Jede Räumlichkeit trägt einen mythologischen Namen; Türen, Fenster und Einrichtungsgegenstände wurden bemalt oder mit Schnitzereien verziert. Speiseraum, Tagungssaal und Schwimmbad verweisen auf die moderne Nutzung des Traditionellen.
Die Einrichtung ist spartanisch, zumindest in meinem Einzelzimmer. An der Wand befindet sich ein sehr schmales Bett, auf dessen Matratze ich sofort einsinke. Ich glaube, es ist ein Strohsack. Am Morgen habe ich Schwierigkeiten, mit den Füßen über den Holzrahmen auf den Boden zu kommen. Im Zimmer befinden sich

weiter auf engstem Raum ein Stuhl oder Hocker und ein Tischchen. Eine bunt bemalte Tür führt ins „Badezimmer", in dem ebenfalls wenige Möglichkeiten sind, sich zu bewegen. Also, innen ist es nichts für mich, aber von außen hat es schon das gewisse Etwas. Die Meinungen über das Hotel gehen wie bei keinem anderen Hotel weit auseinander.

Gleich nebenan steht die 33 Meter aus dem Erdboden ragende Saga-Säule, von der Familie Elveseter privat finanziert, hierher gebracht und im Felsen verankert. Sie zeigt einen Querschnitt durch historische Ereignisse der norwegischen Geschichte und erinnert mich an die Trajan-Säule in Rom.

Am folgenden Tag erlebte ich einen der schönsten Reiseabschnitte, „eine ganz besondere Perle", „eine Landschaft, die zum Schönsten, Wildesten und Abwechslungsreichsten gehört, was man erleben kann". Diese Aussagen entnahm ich einem norwegischen Reiseprospekt, in welchem das Fjell auch als „Dach Norwegens" bezeichnet wurde. Erst seit 1997 gibt es eine „Nationale Touristenstraße", die das ganze Jahr genutzt werden kann.

Durch eine mit den Alpen vergleichbare Landschaft führt die Bergstraße aufwärts zum SOGNEFJELL und seinem höchsten Punkt bei 1.430 Metern.

Auch im Sommer sind die Bergseen zugefroren. Der Schnee musste sooft geräumt werden, dass die Straße nunmehr durch eine Schneeschlucht führt. Hier oben trainieren auch die norwegischen Skisportler. Im Vorbeifahren beobachten wir sie.

Nachdem der höchste Punkt überquert wurde, halten wir in Oskarshaug (1.137 m), einem Aussichtspunkt mit Blick auf das Sognefjell. Erst danach geht es in vielen Windungen steil hinab an den Lusterfjord, dessen Wasser milchig grün gefärbt ist, wie alle Gewässer, die Zuführungen von Gletschern haben. Die Landschaft scheint in sich selbst zu ruhen. Im spiegelglatten Wasser kann man die Gipfel der Berge erkennen. Die Widersprüche zwischen der herben Fjell-Landschaft und den blühenden, freundlichen Tälern der Seiten-Fjorde des Luster sind reizvoll und begeistern mich und meine Gäste.

Am Mittag erreichen wir Kaupanger. Von hier bringt uns die Fähre über den Sognefjord in den Aurlandsfjord nach Gudvangen, und von dort fahren wir weiter mit dem Bus nach Bergen.

BERGEN wird als „Eingangstor zu Fjord-Norwegen" bezeichnet. D.h. wir kommen aus der Fjord-Landschaft und werden auch am nächsten Tag wieder in sie eintauchen.
Wir übernachten in einem Stadthotel im Zentrum Bergens.

Bei diesen Fjordfahrten war Bergen für mich wirklich nur Eingangs- und Ausgangstor. Zeit für die Stadt blieb nur, wenn man die Kraft aufbrachte, nach dem Abendbrot den Ort anzusehen. Ich wusste ja, dass der folgende Tag einen ausgeschlafenen Reiseleiter benötigt. Folglich blieb es immer bei kurzen Wegen.

Aber kürzlich war ich wieder in der Regenstadt.
Vom Hafen der Kreuzfahrtschiffe liefen wir quer durch
den Ort zum Innenhafen. Die Stadt unterschied sich
nicht von anderen norwegischen Städten.
In den beiden Häfen fotografierten wir alte Fischerhüt-
ten, liefen durch Parks und blumengeschmückte Grün-
anlagen, vorbei an Bürohäusern, verglasten Einkaufs-
und Verwaltungstempeln...Unser Ziel war die Hanse-
Niederlassung Brygge.

Der Regen hatte zeitweise aufgehört, und wir hatten aus-
reichend Zeit.
Mit dem Giebel zur Straße, und damit auch zum Hafen,
steht eine Reihe von schmalen Holzhäusern. Alle sind
farblich aufeinander abgestimmt von dunkelrot über
orange bis weiß.
Ich glaube, mich erinnern zu können, dass das weiße-
Haus zwischenzeitlich einmal abgebrannt war und neu

aufgebaut wurde. In diesem Haus verkauft die Silber-
schmiede Juhl aus Kautokeino selbstgefertigten
Schmuck, dessen Muster sich an die Traditionen der Samen anlehnt. In den ersten Jahren meines Reisens haben
wir Kautokeino und die dort ansässige Werkstatt fast immer besucht. Und natürlich habe ich auch eine Ansteck-
nadel aus Silber gekauft.
Von der Straße aus gesehen waren die Giebel der Häuser
gleichschenklige spitze Dreiecke, alle gleich hoch. Im
Inneren gab es zwei Stockwerke und den Spitzboden.
Treppauf, treppab liefen wir durch die verschachtelten
Hinterhäuser. Die Seitenlänge war enorm, und keines
war wie das andere. Es gab die verschiedensten Anbau-
ten: kleine Vorbauten mit Seilrollen, um die Waren nach
oben zu heben, überdachte Balkone und Galerien und
hölzerne Bauten, deren Zweck wir nicht mehr bestim-
men konnten. Es machte ordentlich Spaß, da überall hin-
durch zu gehen, denn die meisten Touristen blieben außerhalb. Nur auf den Dachboden gelangten wir nicht, obwohl wir es wirklich wollten.

Natürlich sind bei so alten Gebäuden ständig Reparatu-
ren notwendig. Hinter einer Glaswand erfolgte eine für
uns ganz besondere Reparatur: Der Fußboden eines Hau-
ses musste ausgetauscht werden. So konnten wir sehen,
dass die Dielenbretter direkt auf Balken gelegt waren;
die Häuser haben keinerlei Schutz von unten.

Selbstverständlich schauten wir uns auch all die Läden
im Brygge-Viertel an. Es gab alles, was man nur irgend-
wie als norwegisches Souvenir bezeichnen kann: Pelze
und Mützen, Strickwaren, Wäsche mit Hardanger Stickerei…

Und da es immer mal wieder regnete, verkauften sich Jacken und Westen besonders gut. In allen Gassen drängten sich die Touristen. Wir drängten mit, bis es Zeit wurde, zum Schiff zurückzukehren.

Mehr als zwei Stunden fahren wir am darauf folgenden Tag entlang des insgesamt 180 Kilometer langen HARDANGERFJORDES, der sich in besonders viele Seitenarme verzweigt. Ein Postkartenmotiv, blühende Kirschbäume vor tiefblauem Wasser, hat mich schon während der Vorbereitung meiner allerersten Reise beeindruckt. Als „norwegischen Obstgarten" bezeichnet man die

Landschaft, an deren Schönheit man sich nicht satt sehen kann. Dabei erleben wir, wie in der Literatur beschrieben, dass jeder Fjord seinen eigenen Charakter und Charme hat.

In dieser Region entwickelte sich über Jahrhunderte eine besondere Stickerei, die überall auf der Welt den Namen „Hardanger-Stickerei" trägt. Nicht nur in den Geschäften Skandinaviens kann man sie erwerben. Es ist eine Leinenstickerei, die meist Ton in Ton erfolgt. Die gestickten Muster werden mit spitzer Schere ausgeschnitten. Meist entstehen zauberhafte Tischdekorationen, aber auch Lampenschirme und Kleidungsstücke.
Ich war so von dieser Stick-Technik begeistert, dass ich nach meiner Rückkehr einen Kurs an der Volkshochschule besuchte.

Während wir am nördlichen Ufer entlang fahren, eilen meine Gedanken schon wieder voraus, denn oberhalb des Fjordes, auf der südlichen Seite, befindet die HARDANGERVIDDA. Sie ist mit 7.000 Quadratkilometern Europas größtes Hochgebirgsplateau.

Wir fahren mit der Autofähre von Bruravik nach Brimnes, von Brimnes wieder mit dem Bus nach Eidfjord und bald schon erneut in eine Höhe von 1.246 Meter. Der besondere Reiz dieser Landschaft besteht darin, dass es eine öde Hochebene ist, morastig, steinig, kein Busch, kein Strauch, kaum Grün. Kleine Schnee- und Eisreste befinden sich in unmittelbarer Nähe, aber in der Ferne erkennen wir große Schneefelder. Selten begegnet uns ein Auto, es ist ziemlich einsam hier.

Irgendwo auf der Hochebene betreiben Samen ihr Geschäft mit den Touristen, d.h. dort gibt es einige Souvenir-Hütten. Sie ähneln äußerlich den runden Schneehütten der Eskimos. Es ist fast ein „touristisches Muss" anzuhalten und scheinbar Typisches zu kaufen. Die Gäste sehen aber nicht nur die Rentier-Geweihe, sondern auch die Autos, die ein bisschen entfernt von den Hütten der Samen standen. Eben Tourismus.

Über Geilo und Gol fahren wir nach Noresund. In GEILO, einem bekannten Wintersportort, übersehen wir aber nicht die im Interesse des Tourismus und des Sports abgeholzten Berge. Breite, leere, braune Schneisen, die vom Gipfel ins Tal führen.

In NORESUND, unserem letzten Übernachtungsort, schlafen wir ebenfalls in einem für den Tourismus bekannten Hotel, landschaftlich sehr schön gelegen, direkt am Kröderen, einem See.
Während ein Teil des Hotels relativ neu und modern eingerichtet ist, schlafen ich und einige Gäste in jeweils einem traditionellen Kämmerlein, wo scheinbar alles aus Holz gefertigt ist. Wie auf dem Korridor liegt auch in meinem Zimmer ein bunter Flickenteppich, selbst hergestellt.

Am letzten Reisetag erreichen wir in der Regel Oslo, von dort wird die Heimreise mit der Fähre fortgesetzt.

Zu Hause habe ich gerechnet und folgendes festgestellt: Ich habe bisher während meiner Tätigkeit als Reiseleiterin in mehr als 300 (!) unterschiedlichen skandinavischen Betten genächtigt, nicht immer geschlafen.

Das waren
- Doppelstockbetten auf finnischen Fähren,
- Vier-Bett-Kabinen bei der Überfahrt nach Norwegen,
- Einzelkabinen ganz vorn, ganz außerhalb unter den Autodecks,
- die Einzelkabine auf der Hurtigroute,
- Einzelzimmer in preiswerten Stadthotels,
- Zimmer in Traditionshotels mit und ohne Strohsack,
- einmal sogar eine eigene Hütte mit Sauna,
- manchmal, in der Tundra, eine Holzhütte ganz allein, wegen der Mücken sogar mit Gazefenster und Doppeltür.

Meist jedoch waren es Betten in neueren moderen Hotels, etwas abseits gelegen, die mit dem Reiseboom zum Nordkap gebaut wurden.

Eigentlich war die Übernachtung Nebensache, auch für die Mehrzahl der Gäste. Das Wunschziel lautete „Nordkap", später "Nordkap und Lofoten". Die Faszination Skandinavien bleibt.

2. TEIL

FAHRT MIT DER HURTIGRUTE VON BERGEN OSTWÄRTS ZUR RUSSISCHEN GRENZE UND ZU-RÜCK

HURTIGRUTEN, „die schönste Seereise der Welt" (Titel der Gästebroschüre)
„Ich wünsche Dir einen schönen Urlaub." So konnte ich auf meinem Handy lesen.
„Die schönste Seereise der Welt" stand im Reiseprospekt.

Ein lang gehegter Wunsch sollte Wirklichkeit werden, eine Fahrt mit der „Hurtigrute" von Bergen nach Kirkenes, zur russischen Grenze und wieder zurück bis Trondheim.

Morgens, 1.45 Uhr, stand ein Taxi vor der Haustür, brachte mich zur Abfahrtsstelle des Busses, wo nach etwa einer Stunden die ersten Gäste zustiegen.
Die Fahrt nach Kiel verstreicht quälend langsam. Die beiden Fahrer wechseln sich ab, auch im Service für die Gäste. Für mich bleibt nichts zu tun, deshalb schlafe ich immer wieder ein, obwohl ich mich gewaltsam zusammenreiße, denn ein schlafender Reisebegleiter ist nicht erwünscht...
Endlich Kiel.
Die Abfahrtsstelle der 15stöckigen „Color Fantasie", der zu diesem Zeitpunkt größten Fähre Europas, ist leicht zu finden.

Das Einchecken der Reisegruppe geht besser als gedacht, es gibt keine Treppen, dafür aber große Fahrstühle mit Platz für Reisende mit viel Gepäck.

Nachdem ich meinen Koffer in der Kabine abgestellt habe, erkundige ich mich nach der Platzgestaltung zum Abendessen. Es ist jetzt 14.10 Uhr, ich klappe probehalber mein Bett herunter… Eine Viertelstunde vor dem abendlichen Treff mit der Gruppe werde ich munter. Nun muss alles schnell gehen…

Für diese Reise bin ich keine Reiseleiterin, sondern ich begleite meine Gäste für ein Taschengeld auf dieser Schiffsreise. Ich tue das nicht so gern, weil mein Aufgabengebiet nicht deutlich umrissen ist, manchmal, wie bei Schifffahrten, nicht einmal mir. Die Gäste sagen es mir nicht ins Gesicht, aber ich spüre, dass sie der Auffassung sind, meinen „Urlaub" mit zu bezahlen. Aber für meinen Wunsch, die Fahrt mit der Hurtigrute erleben zu können, nehme ich das in Kauf.

Beim Frühstück gehöre ich zu den ersten, finde also einen Platz in der Nähe des Fensters und kann auf den von der Sonne beschienenen, silbergrau glitzernden Oslofjord schauen. Die Luxusfähre nähert sich langsam der Stadt OSLO.

Einen ganzen Tag werden wir in der Stadt verbringen, bevor die Fahrt mit der „Bergenbahn" erfolgt, das ist die offizielle Bezeichnung für die Zugverbindung zwischen Oslo und Bergen.

Oslo liegt am Nordende des Oslo-Fjordes, d.h. ähnlich wie bei den Busreisen fahren wir zirka 100 Kilometer entlang des Fjordes, bis wir in der Ferne die bekannten Umrisse des Wahrzeichens der Stadt, das Rathaus, und auf einer mit Wald bedeckten Höhe die Holmenkollen Sprungschanze sehen.

Bei der Vorbereitung auf die Reise hatte ich ein Buch gelesen, in welchem geschildert wurde, dass 1940, während des zweiten Weltkrieges, eines der schwersten Kriegsschiffe, der Kreuzer „Blücher", im Oslofjord versenkt wurde. Nach mehr als 50 Jahren mussten auf dem Grund des Meeres die Öltanks entleert werden, um eine mögliche Umweltkatastrophe zu verhindern. Solcher Art Informationen berühren mich immer wieder.

Nach dem Anlegen des Schiffes ist eine Stadtrundfahrt mit anschließender Freizeit geplant. Also alles so, wie gehabt.

In der Freizeit führt mein erster Weg nach Akerbrygge, etwa dreihundert Meter vom Parkplatz des Busses entfernt. Hier befand sich früher die Aker-Werft, und ich erlebte, wie aus den ehemaligen Fabrikhallen Wohnungen, Gaststätten und Einkaufsmeilen wurden. Jedes Jahr kam etwas Neues hinzu, allmählich entstand ein neuer Stadtteil.

So wurde auch aus dem an den Parkplatz angrenzenden Nordbahnhof ein Nobél-Zentrum und eine Information.

Das Rathaus, ein Betonbau mit roten Backsteinen verkleidet, blieb bei meinen Besuchen immer der Mittelpunkt der Unternehmungen. Es war sogar möglich, den Festsaal zu betreten, in welchem am 10. Dezember jeden Jahres der Friedensnobelpreis verliehen wird.

Einen Teil meiner Freizeit verbrachte ich jeweils am Hafen. Neben Kreuzfahrt- und Motorschiffen gibt es unzählige private Boote. Zahlen belegen, dass jeder zweite Einwohner vom Kind bis zur Uroma ein Boot besitzen müsste.

Natürlich interessieren mich das Schloss, die neue Oper, die Festung Akershus, die Wikingerschiffe, die Sprungschanze…

Die Folge der mich interessierenden Gebäude ist keine Wertung.

Mein Herz aber gehört der Vigeland-Anlage, die glücklicherweise fest im Programm ist.

Der norwegische Bildhauer Gustav Vigeland arbeitete 40 Jahre an insgesamt 650 Figuren, die hier ausgestellt sind. Es sind Menschen und Menschengruppen, vom

„Trotzkopf", einem kleinen, wütenden Jungen bis hin zu einer Steinsäule, auf der über einhundert in sich verschlungene Körper zu sehen sind. Besonders berührt hat mich eine Figurengruppe, die einen Lebenszyklus darstellt, vom Neugeborenen bis zum hohen Alter.

Unser Hotel zur Zwischenübernachtung ist direkt neben dem Bahnhof, wir hören und sehen die Züge. Einen Tag später sitze ich im Zug Oslo-Bergen.
Ich hatte mich darauf gefreut, stundenlang (6,5 Stunden) durch das Landesinnere zu fahren. Ehrlich, es wurde eine große Enttäuschung. Ich sah weder den Wasserfall von Hönefoss, nicht Flam, keine Stabkirchen. Die Eisenbahn kann eben, wie wir sonst auch, nicht von ihrer Trasse abweichen. In dem Abschnitt, wo wir durch das Hochgebirge fuhren, regnete es, Nebelwände und Regenwolken setzten sich fest. Mit viel Fantasie konnte ich den Hardanger Jökull sehen, aber nur als weiß-grau-blauen Streifen am Horizont.
Danach verschlechterte sich das Wetter weiter, die Scheiben liefen an. Die Orte Dale und Voss blieben unseren Blicken verschlossen, obwohl der Zug im Bahnhof anhielt.

Endlich kamen wir in BERGEN an.
Aussteigen. Koffer der mitreisenden Damen und älteren Ehepaare herausheben. Dann beeilen, denn es wäre für die Gäste bequem, wenn ich die Stadtführung schon gefunden hätte, bevor sie mit ihrem Gepäck zur Stelle sind. Es klappt.
Einen Schirm kann ich nicht benutzen, denn mit Rollkoffer, Stadtrucksack und Büchertasche bepackt, habe ich keine Hand mehr frei. Dabei unterscheidet sich mein

Koffer in der Größe von denen meiner Gäste, im Gewicht sogar drastisch.
Die Koffer werden in den Stadtbus verladen; noch bevor wir auf das Schiff gehen, werden wir die Stadt kennenlernen.

Das Wichtigste an der kleinen Stadtrundfahrt in Bergen ist die Auffahrt mit der Floybahn. In nur sieben Minuten ist der Besucher mit der Kabinenbahn auf dem Stadtberg Floyen, wo er in der Regel einen optimalen Blick auf die Stadt hat. Nur wir nicht.

© 2017 Anita Lehmann

Danach bringt uns der Bus in den Hafen. Da ich den Ablauf des Eincheckens hier nicht kenne, verlasse ich mich auf meine norwegischen Kollegen und bitte meine Gäste, vor dem Terminal auszusteigen. Falsch. Der Busfahrer hätte das Gepäck direkt zum Terminal bringen müssen. Ich stelle mich also in der langen Reihe der anderen Mitreisenden an. Die Zeit vergeht, die Gäste werden sichtbar nervöser, aber es gibt keinen Schalter für Gruppenreisen, ich muss also warten. Dann erhalte ich endlich die Kabinenschlüssel für alle, habe aber gleichzeitig ein neues Problem. Wie kommen die Koffer auf das Schiff? Bedrängt durch die Gäste, lasse ich das Gepäck einfach im Terminal abstellen, bleibe bei Koffern und Taschen nochmals eine halbe Stunde, bis das Gepäck endlich bewegt wird. Unsere Gäste sind es gewöhnt, umsorgt zu werden und sobald es irgendwo und irgendwann einen organisatorischen Stolperstein gibt, reagieren sie ziemlich gereizt. Sie wissen: der Kunde ist König. Aber auch diesmal kamen ihre Koffer vollzählig noch vor dem ersten Abendbrot an Bord.

Unser Schiff, die „MS NORDLYS" gehört zu den neueren Hurtigruten-Schiffen, die die Route Bergen-Narvik und zurück in elf Tagen zurücklegen. 1996 gebaut, können etwas mehr als 700 Passagiere während einer Reise befördert werden.
Die meisten Gäste reisen privat. Neben meiner Reisegruppe gibt es zwei weitere an Bord. Unser Programm sieht die Schifffahrt bis Narvik und zurück bis Trondheim vor.
Während der Reise wird das Schiff 66 Mal anlegen und in 34 Häfen vor Anker gehen.

© 2017 Anita Lehmann

Bei der Einweisung wurden wir darauf hingewiesen, dass die „Schwesterschiffe" der Hurtigruten (insgesamt 11 Schiffe, die zwischen Bergen und Kirkenes verkehren) zu grüßen seien. Man solle sich mit weißen Tüchern (Bettlaken, Handtuch) an die Backbordseite stellen und winken. Deshalb erfolge kurz vorher eine Durchsage.

Die Kabinen erstreckten sich über das gesamte Schiff, je nach gebuchter Kategorie. Wie freute ich mich, als ich feststellte, eine Kabine zwar nicht mit Fenster, aber mit Bullauge zu haben. Leider war meine Kabine genau zwischen Ladeluke und Fallreep. Bei jedem Anlegemanöver und während des Be- und Entladens schepperte und knarrte es, tags wie nachts. Aber der Blick aus dem runden Fenster war wundervoll. Meine Kabinen waren bis zu diesem Zeitpunkt immer ohne Fenster gewesen.

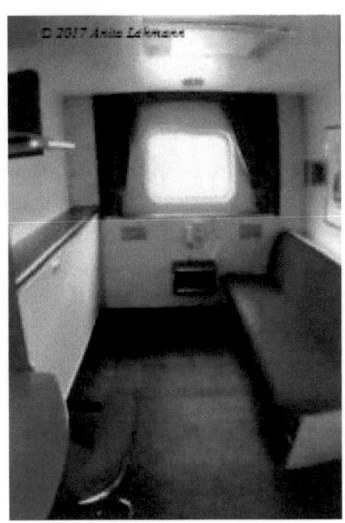

Ab sofort wird nach Reisetagen gezählt, die wir auf dem Schiff verbrachten. Reisetag Nummer 1 war der Aufenthalt in Bergen.
Der erste Morgen war also gleichzeitig der Beginn des zweiten Reisetages auf den Hurtigruten.

Am frühen Morgen legte das Schiff in ALESUND an.
Nur 45 Minuten für einen Stadtbummel, viel zu wenig.
Ein kurzer Spaziergang entlang des Hafens, das war's.

Erst ziemlich genau zehn Jahre später kam ich mit einem Kreuzfahrtschiff wieder nach Alesund. Es war an einem Sonntag im Juni.
Ich notierte:
Sonne und Wolken wechselten einander ab, als wir am Morgen in den Storfjord einfahren. Zu beiden Seiten des

Fjordes stiegen grüne, sich nach oben zuspitzende Fels-
formationen empor. Je näher wir der Stadt kamen, desto
schmaler wurde die Fahrrinne. Erstmals tauchten wir in
eine Schärenlandschaft ein, das Schiff verlangsamte
seine Fahrt. Vom 14.Deck aus gesehen, wo wir an der
Reling standen, hatten wir einen Überblick über die beiden Inseln, die sich zur Stadt vereinten.
Einen Ausflug hatten wir nicht gebucht. Ohne Guide,
aber mit Stadtplan, gingen wir den Weg vom Cruise Terminal zur Stadtkirche.
1904 zerstörte ein verheerender Brand die gesamte In-
nenstadt, 10.000 Menschen waren ohne Obdach.
Der deutsche Kaiser, Wilhelm II., war ein großer Nor-
wegenfreund, heute würden wir sagen, dass er ein Fan
war. Mehrmals verbrachte er seinen Urlaub in Skandinavien. Deshalb setzte er auch private Geldmittel ein, um
die Stadt nach dem Brand mit Baumaterial und medizi-
nischer Versorgung zu unterstützen. Die Norweger ver-
ehren ihn noch heute.
So konnte auch die Kirche wieder aufgebaut werden,
diesmal aus Stein, im dominierenden Baustil des
19.Jahrhunderts, dem sogenannten Rundbogenstil. Als
Zeichen der Würdigung des deutschen Kaisers kann man
das preußische Wappen hinter der Kanzel bewerten.
Festlich gekleidet, meist in Nationaltracht, kamen am
heutigen Sonntagvormittag viele junge Paare zum Got-
tesdienst. Sie schienen sich alle untereinander zu kennen,
denn sie grüßten, sie lächelten sich zu. Um nicht zu stören, verließen wir alsbald das Kircheninnere.

Im Flyer hatten wir gelesen, dass die Stadt in nur drei Jahren Bauzeit im damals modernsten Baustil wieder aufgebaut worden war. Folglich musste unser nächstes Ziel ein Spaziergang durch die Stadt sein. Wir bestaunen die architektonischen Details an den Bürgerhäusern: Blüten, Rosetten, Blätter, Ranken… wunderschön geschwungene Giebel, schmiedeeiserne Balkonbrüstungen und bunte Farben auf hell getünchten Wänden. Wir konnten uns daran nicht sattsehen und liefen deshalb kreuz und quer durch den Ort.

An diesem sonnigen Sonntag stieg ich auch zum Hausberg, dem Aksla, hinauf. 418 Stufen unterschiedlicher Höhe.
Dafür wurden alle Wanderer, die, so wie ich, den Aufstieg wagten, mit einem fantastischen Rundblick belohnt.

Einer der Höhepunkte der gesamten Reise ist die Fahrt von Alesund durch den GEIRANGERFJORD bis nach Geiranger.

Vor Jahren, bei meiner Hurtigrutenfahrt, nahm ich an einem Ausflug teil, der von Geiranger in 6,5 Stunden nach Molde führte. Lieber wäre ich mit dem Schiff durch den

Geiranger Fjord zurück gefahren (mit erneutem Aufenthalt in Alesund). Da aber die meisten meiner Gäste teilnahmen, hielt ich es für meine Pflicht, in einem der sechs Busse mitzufahren. Ich stieg als letzte ein, so dass mich die Mitreisenden sehen konnten. Irgendwo im hinteren Teil des Busses war noch ein einzelner Platz neben einer mir zu diesem Zeitpunkt noch unbekannten Frau. Wie sich im Gespräch herausstellte, reiste sie allein, hatte aber auf dem Schiff schon mehrere Bekanntschaften geschlossen. In dieser Gruppe wurde ich aufgenommen und fand in den folgenden Tagen immer einen Gesprächspartner oder auch jemand, der mich bei meinen „nächtlichen" Ausflügen begleitete, denn unser Schiff legte auch nachts an Land an.

Die Busfahrt begann mit einer ersten Überraschung: die Auffahrt zum Oernevegen (515m) über die 1954 erbaute Adlerstraße, die den Geiranger Fjord mit dem Norddalsfjord verbindet. Ihre gewaltigen Serpentinen hatte ich sonst immer nur von unten, vom Fjord aus bestaunt. Nur schade, dass Nebel und Regen nach wie vor unsere Begleiter waren. Im Einzelnen führte unser Weg über den Stordalsfjord und Valldal zum Gudbrandsjuvet, das ist ein Wasserfall, der vor wenigen Jahren erst touristisch ausgebaut wurde. Dort hielten alle Busse.

In Norwegen sind z.Z. die Erdbeeren reif. Davon gibt es hier genügend zu kaufen. 25 Kronen kostet ein kleiner Becher dieser frischen norwegischen Köstlichkeiten.
Auch nach der Pause veränderte sich das Wetter nicht. Ein letztes Mal hielten wir an der Höhenstraße vor den Trollstigen. Alle stiegen aus, fast alle bauten ihre persönlichen Trolle. Natürlich war ich dabei. Meiner war

zwar ganz klein, aber vielleicht bringen kleine Trolle auch Glück.

© 2017 Anita Lehmann

Vor der Abfahrt „graute" mir. Ich fahre schon nicht so gern die kurvenreiche Straße hinauf. Und nun sollte es erstmals die Serpentinen hinunter gehen. Jetzt war ich froh, dass der Nebel stark war, so stark, dass der 180 Meter hohe Stigvoss nicht zu sehen war. Da ich jedoch die kurvenreiche Strecke kenne, fürchtete ich die Begegnung mit einem anderen Bus oder einem Wohnwagen. Es war jedoch schon gegen 18.00 Uhr, glücklicherweise ist da nicht mit Gegenverkehr zu rechnen. Natürlich war es schade für die Gäste, die die Abfahrt bei bester Sicht nicht erleben konnten. Egoistisch war ich schon, als ich mich mit dem Blick auf 50-100 Meter zufrieden gab, die an diesem Tag möglich waren.

Hinter ANDALSNES verlief unsere Route nicht so, wie ich es gewohnt war. Bei unseren Fjordreisen mit dem Bus fuhren wir stundenlang um alle Fjordarme, heute jedoch durch den Fjannefjord-Tunnel (2.700 Meter lang und 100 Meter unter dem Meeresspiegel), der jetzt mautfrei ist. Damit verkürzte sich die Strecke enorm.

Vor Jahren standen wir mit dem Bus schon einmal vor der Tunnelröhre. Unser Fahrauftrag erwähnte den Fjannefjord als Umfahrung. Ich weiß bis heute nicht, wie es passieren konnte. Hatten wir den Auftrag nicht genau gelesen? Für mich sahen die Strecken an den Fjorden ziemlich gleich aus. Damals musste das Durchfahren des Tunnels sehr teuer bezahlt werden. Mautgebühren entrichtet man in Norwegen solange, bis die Baukosten bezahlt sind. Der Fahrer musste ganz schnell eine Entscheidung treffen. Ich hätte niemals geglaubt, dass er hier am Tunneleingang den Bus dreht, drehen kann. Ganz langsam, Zentimeter um Zentimeter wendete er zwischen Kassenhäuschen und Tunnelröhre. Tief atmete ich die angehaltene Luft aus. Er hatte es geschafft.
Die Rückfahrt nach Alesund war nach diesem ereignisreichen Tag eben nur eine Rückfahrt. Ich hatte nicht gedacht, dass man sich „sattsehen" kann.

In der „Rosenstadt" MOLDE lag unsere "MS Polarlys" vor Anker.

Molde, die „Stadt der Rosen", die ich so schön finde, so liebreizend, bleibt den Gästen sicher nicht in Erinnerung. Die Wolkenwand verhinderte auch hier, dass man die 222 Bergspitzen sehen konnte, den berühmten „Moldeblick" hatte.

Auch vom Stadtinneren war wenig zu sehen. Im Vorbeifahren habe ich ein „Gamla Molde" entdeckt, weiter ein modernes Sportstadion (der Geldgeber soll ein Einwohner Moldes sein, der nicht bekannt werden möchte) und ein stattliches Gebäude, neu gebaut, das Björnson-Haus.

Der Ausflugstag heute war für uns Touristen ziemlich anstrengend, und wir waren froh, auf unser Schiff zurückkehren zu können.

Am folgenden Morgen schien die Sonne bei der Einfahrt in den Trondheim-Fjord. Selbstverständlich bummelte ich zusammen mit meiner Reisegruppe in die Stadt, zum

Dom. Dort trennten wir uns. Ich bummelte ganz langsam durch die Straßen gegenüber dem Bahnhof, nutzte die gesamte zur Verfügung stehende Zeit aus.

Am Nachmittag schlief ich erstmals am Tage in meiner Kabine, Nr.211. Obwohl sie wirklich nicht ruhig ist, „liebe" ich sie, weil ich mich jederzeit hierher zurück-ziehen kann.

Abends legte das Schiff in ROERVIK an, Hauptort einer aus 6.000 Inseln und Schären bestehenden Gruppe mit dem Namen Vikna. Der Aufenthalt war auch hier recht kurz, er genügte jedoch, um die alten weiß und farbig gestrichenen, traditionellen Holzhäuschen, aber auch moderne Steinhäuser und den Hafen zu umrunden.
Der Sonnenuntergang, ein großer roter Ball, der langsam in den Wolken am Horizont versank, beeindruckte.

Am 4.Reisetag werden wir den Polarkreis überqueren, und es wird ein Ausflug zum SVARTISEN-GLET-SCHER angeboten. Ich werde auf jeden Fall teilnehmen.

Immer dann, wenn wir bei unseren Busreisen, von Nor-den (Fauske) kommend, durch das Saltdal fuhren, sah ich am Horizont eine weiße, flache Erhebung und träumte davon, mich dem zweitgrößten Gletscher Nor-wegens zu nähern.

Nun ist es soweit.

Kurz nach dem Überqueren des Polarkreises werden wir ausgebootet und nähern uns nach über einer Stunde Fahrt in einem kleineren Schiff dem Gletscher. Während der Anfahrt ragt scheinbar aus dem Meer ein kahler Gipfel, einem Gebirgssattel vergleichbar, eine weiße waagerechte Linie, der niedrige, aber 380 Quadratkilometer große Svartisen. Mit dem Schiff nähern wir uns einer Gletscherzunge, die sozusagen vom Dach des Gletschers in einen kleinen See leckt. Malerisch. Zwischen mir und dem Gletscher befindet sich nur noch der See. Dort, direkt gegenüber, sprudelt das Wasser aus dem Eis. Als ich später meine Fotos mit dem Bild aus dem Prospekt der Hurtigruten vergleiche, wird auch hier das Sterben der Gletscher deutlich.

Der heutige Sonnentag wird durch ein traditionelles Picknick, gereicht von der Crew, noch schöner: natürlich Kaffee und Gebäck.
Der Weg zurück zum Schiff ist eben. Malerisch finde ich die frischen Wiesen mit weißen Kühen, Ziegengemecker und Pilzen auf den ersten, zweiten und dritten Blick. Den Svartisen-Mohn, eine besondere, gelb blühende Art, finde ich nicht. Dafür blüht die Heide, und die Preiselbeeren haben eine korallenrote Farbe. Scheinbar unberührt bleiben Gletscher und Gletschersee zurück.

Der wärmste Tag des Jahres am Fuße des Gletschers mit 25° C und die Aufregung, etwas ganz Besonderes zu sehen, machen mich müde. Zurück auf dem kleinen Zubringerschiff schlafe ich sogar für kurze Zeit auf meinem Platz ein.

Schon bald ist es jedoch Zeit, auf einer kleinen Fischerinsel auszusteigen. Auf STÖTT leben nur 47 Einwohner, 1969 waren es noch 114. Wir werden aufgefordert, zwischen den nunmehr unbewohnten Häusern umher zu gehen. Es ist Ebbe, man sieht deutlich, dass die Flut Unmengen von Tang zurückgelassen hat. Menschen sehe ich nicht. Doch, es gibt einen kleinen Laden für den täglichen Bedarf. Mich bediente eine alte Dame, fast vornehm zu nennen, mit tadelloser Frisur, weißer Bluse und Goldkette. So viel Würde hatte ich in einem abseits gelegenen Fischerdorf nicht erwartet.

Nach der Rückkehr zur „Nordlys" wurden ich und zwei meiner Gäste über Bordlautsprecher ausgerufen. Die beiden Damen hatten am Ausflug teilgenommen, ohne ihn zu bezahlen, weil sie glaubten, dass er im so genannten „Ausflugspaket" enthalten sei. Sie hatten mich gesehen und sich nur an meiner Anwesenheit orientiert. Vom Reiseveranstalter waren vier Ausflüge zu einem Paket geschnürt, das die Gäste mit der Buchung bezahlt hatten, aber insgesamt wurden 21 Ausflüge angeboten. Die zusätzlichen Ausflüge mussten an Bord bezahlt werden. Peinlich war es mir schon, dass meine Gäste diesen Zusammenhang nicht begriffen hatten und nun zur Zahlung aufgefordert wurden.

Am Abend legte das Schiff in SVOLVÄR, auf den Lofoten, an.
Ich nutzte den 45minütigen Aufenthalt zu einem Bummel. Häufig hatten wir auf unseren Nordkap-Reisen hier übernachtet. Die Stadt ist für uns Touristen nur am Hafen beeindruckend, wenn die großen Schiffe ein- und ausfahren oder ankern. Beeindruckend sind auch das Rica-Hotel und die zum Hotel gehörenden Rorbuer-Hütten, die sich abends im Wasser spiegeln. Die dunkelrot

gestrichenen Hütten, die weiß abgesetzt sind, wirken auf mich anziehend, gemütlich und heimelig.

Um Mitternacht fuhren wir in den TROLLFJORD ein. Das wurde gebührend vermarktet. Auf dem Aussichts- deck wurde ein Gericht mit dem Namen „Troll- suppe" angeboten und ein „Troll", der sich wie ein „dummer August" benahm, sollte die Gäste unterhalten. Diese nahmen seine Bemühungen freudig zur Kenntnis. Ich ging nur hin, weil es sich für eine Reisebegleiterin gehörte.

Am 5.Tag der Schiffsreise erreichen wir TROMSÖ, die größte Stadt Nordnorwegens, die auch den Beinamen „Hauptstadt des Eismeeres" trägt.
Ich erlebte, eine „normale" Stadt im Sonnenschein: in bunten Farben gestrichene Holzhäuschen, daneben kas-

tenförmige, neuere Zweckgebäude. In der Fußgängerzone waren auffallend viele Menschen unterwegs,
schlendernd, ohne Hektik.

Erst kürzlich, bei meiner dritten Begegnung mit der
Stadt, hatte ich Zeit, richtig viel Zeit, um die Stadt, wie
ich immer sage, mit den Füßen zu erobern:
Tromsö, nördlich des Polarkreises, wurde auf einer kleinen Insel erbaut. Sie wurde nicht bombardiert, wie viele
andere norwegische Orte. Deshalb kann man die bunten
Holzhäuschen aus dem 19.Jahrhundert ebenso im Stadt-
zentrum sehen wie die kastenförmigen, neueren Zweckgebäude.
Seit dem 20.Mai geht die Sonne nicht mehr unter. Bei
unserem Stadtbummel Ende Juni entdecken wir folglich
viel Grün, Bäume wie Ebereschen und Birken, Büsche
und bunte Blumen.

Ich möchte unbedingt zur Eismeerkathedrale und danach weiter zur Kabinenseilbahn. Ein eisiger Wind wehte über die Brücke, die über einen Kilometer lang ist und die Insel mit dem Festland verbindet. Der meiste Verkehr wird jedoch durch einen Tunnel unter dem Sund geleitet.

Die äußere Form der „Eismeerkathedrale", so sagt man, ähnele einem Samenzelt oder auch Eisschollen, die übereinander stoßen.

Das Innere wird durch ein riesiges Glasfenster, das größte Glasmosaik Europas, charakterisiert. Abgebildet wird die Auferstehung Christi in den (so steht es geschrieben) „Farben der arktischen Nacht".

Nach dem Blick in die Kirche liefen wir weiter durch Tromsdalen zur Gondelbahn, die uns auf ein Fjell (Fjellheisen) in eine Höhe von 420 Meter bringen sollte. Lange mussten wir an der Bahn anstehen, aber die Aussicht über die ganze Insel hinweg entschädigte nicht nur, sondern begeisterte.

Der Boden da oben war karg, steinig, von Wurzelwerk durchzogen, und noch weiter entfernt, musste man zuerst kleinere Stellen mit Schnee und dann Schneeflächen queren. Atemberaubend! Ein lohnenswerter Aufstieg!

Das alles erlebte ich also erst bei einem späteren Besuch. Die Dauer meines Aufenthaltes während der Fahrt mit der Hurtigrute war für solchen Ausflug leider viel zu kurz.

Wann immer es möglich war, stand ich an der Reling und beobachtete den Sonnenuntergang. Wenn der rote

Sonnenball zwischen Wolken und Meer eintaucht, dann schieben sich die spitzen felsigen Berge Nordnorwegens dazwischen. Die Gipfel werden von hinten mit hellstem Licht angestrahlt, ihre Konturen noch schärfer.

In der folgenden Nacht schreckte ich erstmals auf, als die „Polarlys" im Hafen von Öksfjord 2.00 Uhr morgens vor Anker ging. Zu keiner anderen Zeit hatte ich das Empfinden, dass mein Schiff auseinander bricht. Es knirschte, polterte, Metall schabte auf Stein oder umgekehrt. Im Tiefschlaf hatte ich vergessen, dass sich meine Kabine neben der Lade- und Ausstiegsluke befand.

Der Morgen des 6.Schiffstages begrüßte uns Touristen mit blauem Himmel.
Es ist der NORDKAP-Tag.

Gegen 10.00 Uhr verließen wir den Hafen von Havöy-sund, um südlich um die Mageroya zu fahren. Je näher wir Honningsvag kommen, desto dichter werden die Nebelstreifen und vereinen sich schließlich zu einer Nebelwand, typisches Wetter eben. Obwohl ich mehr als 25mal zum Nordkap fuhr, war es immer nachts, um die so genannte „Mitternachtssonne" zu erleben. 650 KOR kostete der zusätzliche Ausflug. Die Reisebegleitung „musste" diesmal mitfahren, also begleiten, folglich musste ich den Ausflug nicht bezahlen.

Bei 13°C starteten wir im Hafen (die Durchschnittstemperatur beträgt 10°C) mit norwegischen Bussen. Nach nur wenigen Minuten überquerten wir den 71.Breitengrad und fuhren 34 Kilometer immer aufwärts zum Kap. Unser norwegischer Reiseleiter erzählte ganz liebevoll von seiner samischen Omi, an ihrem Beispiel vom Leben der Samen überhaupt.

Vor den Fensterscheiben blieb der Nebel, obwohl wir spürten, wie die Sonne „dahinter hockt". Weit können wir also nicht sehen, aber es wird deutlich, weshalb die Insel den Namen „MAGEROYA" trägt: keine Bäume, wenig Buschwerk, und auch das wird auf dem Weg nach oben spärlicher, Wiesen mit „Unkraut", einigen Glockenblumen. Die Grasnarben werden auch kleiner, bedecken nicht mehr die gesamte Fläche. Dafür tauchen nun verschiedene Moose auf. 200 verschiedene Pflanzensorten, besonders alpine, soll es geben. Ich habe nicht zehn davon gesehen, dominierend sind die Büschel aus Wollgras, die am Rand von kleinen Wasserlöchern stehen.

Trond, der norwegische Begleiter, erzählt weiter, dass neben Bussen, Wohnmobilen und Autos in den letzten Jahren besonders häufig Radfahrer den kurvenreichen Weg bezwingen. Ich selbst habe den Eindruck, dass der Run auf das Kapp insgesamt sehr nachgelassen hat.

Bei einer samischen Familie aus Karasjok halten wir an. Der Sohn steht schon „fotogen" neben seinem Rentier, die Frauen sind herausgeputzt. Ich finde es aufgesetzt, nicht der Realität entsprechend, und halte deshalb dort nie, wenn ich auf den Bussen das Sagen habe. Aber diesmal bin ich ja Gast.

6.000-7.000 Rentiere kommen im Frühjahr auf die Insel, gebracht mit Transportschiffen. Im Herbst werden sie zusammengetrieben und müssen über die schmalste Stelle des Sunds zurück schwimmen. Die Fjell-Samen gehen mit ihnen, denn der Winter bedeutet hier auf der Insel, mit einer Schneehöhe von zwei Metern zu leben.

Die Bewohner, die zurückbleiben, können sich dann nur noch im Konvoi hinter dem Schneepflug bewegen.

Immer wieder fotografierte ich die farbigen Holzhäuschen in Nordnorwegen. Bisher erzählte ich meinen Gästen, dass die Häuser so bunt sind, damit der lange Winter bei den Bewohnern keine Depressionen hervorruft. Von Trond erfuhr ich, dass nach dem Krieg, nachdem beim deutschen Rückzug die „Taktik der verbrannten Erde" realisiert worden war, ein norwegischer Prototyp für den Wiederaufbau verwendet wurde, jeweils ein Haus für zwei Familien. Weil nun alle Häuser gleich aussahen, verwendete man die unterschiedlichen Farben.

Leider blieb für den Besuch des Ortes Honningsvag keine Zeit, wir mussten zurück auf das Schiff.

Nachdem wir am nördlichsten Punkt unserer Reise waren, fuhr unser Postschiff nunmehr ostwärts.

Am zeitigen Morgen des 7.Tages (7.45 Uhr) hält das Schiff für eine halbe Stunde in VADSÖ. Ich gehe von Bord, mache einen kurzen Spaziergang, fotografiere die Kirche von weitem, von der Siedlung sind wir weit entfernt. Ein kleines Museum erzählt, dass von hier 1926 Amundsen und Nobile mit ihren Luftschiffen gestartet sind.

Weiter geht die Reise nach KIRKENES.

Am Ausflug zur russischen Grenze nehme ich nicht teil. Ich möchte die Stadt sehen, aber es regnet, regnet, regnet… Dichte Wolken treiben am Himmel. Und schon nach kurzer Zeit kommt der nächste Regenguss.

Wie habe ich mir den Ort vorgestellt? Mit meinem Wissen aus der Schulzeit bringe ich die Region in Verbindung mit der Förderung und Verschiffung von Erzen, weniger mit der Murmansk-Front während des 2.Weltkrieges.

Ich laufe durch eine grüne, ländlich anmutende Stadt, die ca. 5.000 Einwohner zählt. Auch hier dominieren farbige Holzhäuser mit kleinen Gärtchen davor. Überraschend viele Blumen zieren die Häuser, Gärten und Straßen. Im Zentrum des Ortes fotografiere ich eine verkehrsfreie, mit Wimpeln und Blumen, sogar mit Spielgeräten geschmückte Einkaufsstraße. Sauber ist die Stadt, eine kostenlose Toilette, warm. So jedenfalls hatte ich mir das Städtchen nicht vorgestellt.

Nachdenklich stehe ich vor dem Eingang der „Andersgrotte", einem Luftschutzbunker aus dem 2.Weltkrieg. 300 Luftangriffe wurden auf Kirkenes, damals einer der strategisch wichtigsten Punkte, geflogen und 1.000 Mal gab es Luftalarm. Auf dem Hinweisschild vor der Grotte stand, dass Dresden, Kirkenes und Malta das gleiche Schicksal erlitten. (Malta?) Vor der Grotte stand ein alter, aus Holz geschnitzter Wegweiser mit zehn Entfernungsangaben, davon acht deutsche und österreichische (Berlin, Wien, Graz, München, Salzburg…). Nachdenklich lief ich weiter.

Auf dem Rückweg begann es wieder stärker zu regnen. Völlig durchnässt kam ich am Schiff an. Sogar der Inhalt meines Stadtrucksackes, Geld und Papiere, mussten getrocknet werden.

Die Weiterfahrt durch die BARENTSSEE bedeutete, Wind und Wellen zu trotzen. In VARDÖ konnte deshalb nicht angelegt werden. Ich hatte gelesen, dass die Schiffe der Hurtigrute allen Wettern trotzen, fast immer pünktlich sind und ihre Fracht an Land bringen. Diesmal nicht. VARDÖ wäre der nordöstlichste Punkt unserer Reise gewesen. Die Einwohner leben hauptsächlich vom Fischfang. Der Ort ist aber militärisch von großer Bedeutung.

Nach so vielen Fahrten auf den verschiedensten Schiffen glaubte ich, resistent gegen Seekrankheit zu sein. Diesmal jedoch forderte der Klabautermann sein Opfer in aller Härte. 15 Stunden starker Seegang. Der Speisesaal war fast leer, die Mehrzahl der Reisenden hatte sich in die Kabinen zurückgezogen. Übelkeit, Erbrechen und unendliche Müdigkeit führten zu einem langen Aufenthalt im Bett. Glücklicherweise bin ich dann auch einge-

schlafen, und erst beim erneuten Anlegen in Honningsvag, morgens 5.45 Uhr, erwachte ich und fühlte mich
besser.
Die Strecke zwischen Kirkenes und Honningsvag will
ich schnell vergessen. Langsam gewöhnte ich mich wieder an den „normalen Verlauf" der Reise.

In HAMMERFEST ging ich von Bord. Ich war schon
mehrfach in dieser Stadt, war an der Meridiansäule und
auf dem Aussichtspunkt.
Diesmal ging ich zur anderen Seite des Ortes, zur Kirche
von Hammerfest, deren Altarwand eine „einzige strah-
lende Glasmalerei" ist, so jedenfalls stand es im Programm. Und es stimmte. Die Orgel wurde gespielt, ich
vergaß die Zeit. Anschließend schlenderte ich über den
Friedhof zur kleinen Kapelle. Diese soll nach dem Krieg
das einzige noch erhalten gebliebene Gebäude gewesen
sein. Zum wiederholten Male wird mir deutlich, welches
Leid das faschistische Deutschland über die Menschen
brachte.

Beeindruckend war von hier, etwas oberhalb der Stadt,
die Sicht auf das nördlich gelegene Terminal Melköy;
die geförderten Produkte der Öl- und Gasfelder werden
mit Schiffen zum Terminal gebracht und von dort nach
ganz Europa.

Ich bleibe auf dem Schiff, als wir in HARSTADT anlegen.
Bisher kenne ich die Vesteralen, eine Inselgruppe, nur
aus der Sicht der Landstraße, der E10.

Viele kleine Schären verstecken sich im Toppsundet und im Andfjord.

Der Kapitän änderte die Route und fuhr an einem Vogelfelsen vorbei. Ganz kurz gab er Signal, und Hunderte Vögel stiegen auf. Nur die Jungen blieben am Felsen kleben, kleine weiße Punkte.

Noch immer hatte ich starke Kopfschmerzen, lag im Bett oder saß einfach nur da, mich möglichst wenig bewegend. Währenddessen fuhr das Schiff weiter an der Vesteralenküste nach Stokmarknes und von da nach Svolvär, der „Hauptstadt der Lofoten".

Den abendlichen Busausflug auf den LOFOTEN wollte ich nicht versäumen. Es war trotz nachlassender Helligkeit ein Erlebnis. Die Bergkette ist hier spitzer, steiniger, das Land karger, obwohl sogar die Bergspitzen in grünen Tönen leuchten.

Unser örtlicher Begleiter ist ein „Profi", humorvoll informiert er, dass

- Stockfisch nicht stinkt, sondern nach Geld riecht,
- die „Lofotenwand", die Bergkette auf den Lofoten, etwa 100 Kilometer lang ist,
- es bald eine neue Festlandverbindung geben wird, die insgesamt 33 Kilometer misst und sieben Kilometer Tunnel und Brücken haben wird („… und die niemand braucht"),
- sich die Lofoten seit der Wikingerzeit zwei Meter gehoben haben (man sieht die so genannte schwarze Linie, von der ich bisher glaubte, dass sie von Ebbe und Flut stammt),
- es reichliche Ölfunde rings um die Lofoten gibt,

- der Walfang auf den Lofoten auf 3% des jährlichen Zuwachses an Walen beschränkt sei, das waren 2007 mehr als 1.000 Wale),
- der Tidenhub auf den Lofoten 3,5 m beträgt…,
- man ziemlich genau den Beginn des Massentourismus festlegen kann, das Jahr 1889. In Berlin war eine Fotoausstellung über Nordland-Panoramen eröffnet worden, danach besuchte der deutsche Kaiser die Inselgruppe der Lofoten.

Die Zahl der Kreuzfahrtschiffe, der Besucher überhaupt, nimmt jährlich zu. Besonders kritisch steht unser Begleiter den amerikanischen Touristen gegenüber, sie scheinen die „blödesten" (seine Worte) Fragen zu stellen: Stehen die Trolle unter Naturschutz? Sind die Fjorde nach 18.00 Uhr geöffnet? Ebenso kritisch verweist er auf das „Kunstwerk" eines Amerikaners bei Stamsund, das für mich äußerlich einer „Duschkabine" ähnelt. Der Künstler soll aber 120.000 Euro dafür
bekommen haben.

Am 10.Reisetag passieren wir auf der Rückreise den POLARKREIS.
Auf einer kleinen Insel, auf der sich nur ein gemauerter Steinsockel befand, stand ein Metallglobus, Symbol für den Polarkreis.

Wir gingen in SANDNESSJÖN, einer kleinen Stadt am Vefsenfjord an Land und erhielten eine Stunde Aufenthalt. Ich hatte ein Fischerdörfchen erwartet, erlebte jedoch eine lebendige, kleine Stadt im Sonnenschein mit einer liebevoll gestalteten Einkaufsstraße, in der unerwartet viele Menschen unterwegs waren.

Die letzten Reisetage verliefen ruhig, ohne besondere Erlebnisse.

Wieder in Trondheim verließen wir das Hurtigrutenschiff und wurden mit einem norwegischen Bus zum Bahnhof gebracht. Von dort sollten wir mit dem Zug nach Oslo zurück fahren.
Wie immer werden die Gäste in solchen Augenblicken unruhig, obwohl wir schon auf dem richtigen Bahnsteig standen. Es sollten noch einige Wagen angekoppelt werden. Als die Waggons langsam auf dem Bahnsteig einfuhren, ich traute meinen Augen nicht, sprangen zwei Gäste meiner Reisegruppe auf den noch fahrenden Zug. Wohl gemerkt, für uns waren Plätze bestellt, und es gab keinen Grund anzunehmen, dass die Plätze nicht reichen würden. Die Schaffnerin war ebenso entsetzt wie ich, sie jedoch war nicht sprachlos. Der aufgesprungene Gast war 85 Jahre alt und seine Frau ebenfalls im Rentenalter. Manchmal mag ich mir nicht vorstellen, was da hätte passieren können.

Schwierig war es auch diesmal wieder, die viel zu großen Koffer im Zug zu verstauen. Einige meiner allein reisenden Damen können ihre Koffer nicht einmal allein in den Zug heben, zu schweigen vom Anheben ins Gepäcknetz. Sie stehen dann, ohne sich zu rühren, einfach nur mit ihrem Koffer v o r dem Zug. Am Ende der Reise erzählten sie dann aber voller Stolz, dass sie höchstens ein Drittel der mitgenommenen Kleidung getragen hätten.

Wie immer freute ich mich auf die Fjell-Landschaft. Ich glaube gar, es „herbstelt", die erste Bäume färben sich, die Moose werden ganz weiß, konkurrieren mit grünen, braunen. Beginnt jetzt die sagenhaft schöne Ruska-Zeit?

Die Aussicht von der Dovre-Bahn, so bezeichnet man die Zugverbindung zwischen Trondheim und Oslo, war beeindruckend, viel schöner als die von Oslo nach Bergen.

Nach kurzem Aufenthalt in Oslo fahren wir mit unserer „Color Fantasie" zurück nach Kiel. Aber auch hier verläuft nicht alles glatt. Die Fähre hat erstmals Motorschaden (wenn ich es richtig verstanden habe, dann ist einer der vier Motoren ausgefallen) und wir eine Verspätung von reichlich drei Stunden.
Das haben einige meiner Gäste zum Anlass genommen, um vom Frühstücksbuffet so viel mitzunehmen, dass es mindestens bis in die Heimatorte reicht. Aber ich kann da nichts tun, ich bin nur Empfänger ihres Unmuts, wenn ich die kleinste Andeutung mache.
Soweit zum „Reisefrust".

Glücklicherweise überwiegt auch nach vielen Reisen die Reiselust.
Ich behaupte immer, dass ich binnen einer Stunde meinen Koffer gepackt hätte, wenn ich eine Reise nach Skandinavien begleiten dürfte.

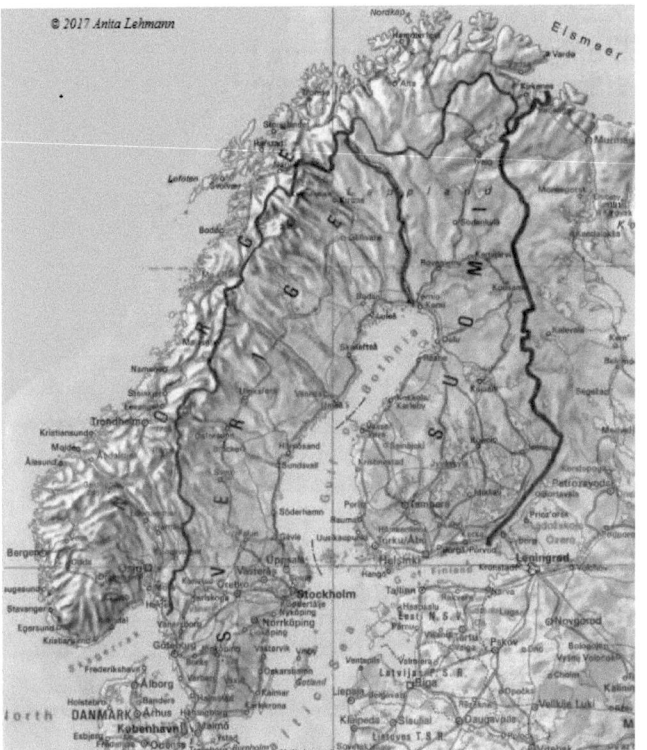
© 2017 Anita Lehmann

Im Handel erhältlich:
- "Auf den Straßen nach Süden"-
  Ein anderes Reisetagebuch
  ISBN 978-3-86369-267-4

In Vorbereitung:
- „Verführt in Griechenland"-
  Ein anderes Reisetagebuch Teil 3

  1999. Es waren sonnige, warme Frühlingstage Anfang April, als wir die Reise begannen. In meinen Reiseunterlagen konnte ich lesen, dass der Fahrer Schneeketten für den Bus mitzunehmen hätte. Ich amüsierte mich: Schneeketten? Schnee in Griechenland?
  "Meine" antiken Griechen, die Schilderungen der Archäologen und auch die in Griechenland handelnden Romane erwähnten keinen Schnee. Und alle handelnden Personen waren leicht gekleidet. Natürlich, auf dem Olymp gab es Schnee, aber sonst...

- „Reizvolle fremde Pfade"-
  Ein anderes Reisetagebuch Teil 4

  Beim Einchecken im Hotel erlebte ich die erste „Überraschung". 44 Gäste reisten in unserem Bus. Ein Koffer und ein einzelner Mann blieben übrig. Mann und Koffer gehörten jedoch nicht zusammen. Noch standen alle Gäste an der Rezeption. Ich bat sie, ihre Koffer anzuschauen und zu prüfen, ob sie wirklich den eigenen Koffer mit sich führen. Kein Gast reagierte, …